品讀涼州

柴多茂　张颐洋　编著

读者出版社

图书在版编目（CIP）数据

品读凉州 / 柴多茂，张颐洋编著. -- 兰州：读者出版社，2022.7
ISBN 978-7-5527-0675-8

Ⅰ.①品… Ⅱ.①柴… ②张… Ⅲ.①文化史－凉州区 Ⅳ.①K294.24

中国版本图书馆CIP数据核字（2022）第002765号

品读凉州

柴多茂　张颐洋　编著

封面题词	欧阳江河
责任编辑	漆晓勤
封面设计	雷们起

出版发行	读者出版社
地　　址	兰州市城关区读者大道568号（730030）
邮　　箱	readerpress@163.com
电　　话	0931-2131529（编辑部）　0931-2131507（发行部）
印　　刷	兰州银声印务有限公司
规　　格	开本787毫米×1092毫米　1/16 印张13　插页2　字数190千
版　　次	2022年7月第1版 2022年7月第1次印刷
书　　号	ISBN 978-7-5527-0675-8
定　　价	68.00元

如发现印装质量问题，影响阅读，请与出版社联系调换。

本书所有内容经作者同意授权，并许可使用。
未经同意，不得以任何形式复制。

目 录

第一章 时代：历史长河中的重要时段

第一节 史前文化 /002
第二节 两汉文化 /014
第三节 五凉文化 /022
第四节 西夏文化 /036

第二章 多元：丝路重镇上的文化辉煌

第一节 天马文化 /052
第二节 屯垦文化 /067
第三节 长城文化 /072
第四节 方志文化 /086

第三章　异彩：河西走廊上的文化遗珍

　　第一节　乐舞文化　　　　　　　　　　　　　　　　　　　　/ 098

　　第二节　诗词文化　　　　　　　　　　　　　　　　　　　　/ 108

　　第三节　金石文化　　　　　　　　　　　　　　　　　　　　/ 112

　　第四节　非遗文化　　　　　　　　　　　　　　　　　　　　/ 124

第四章　人物：谱写凉州历史的绚丽篇章

　　第一节　历史人物　　　　　　　　　　　　　　　　　　　　/ 136

　　第二节　历代职官　　　　　　　　　　　　　　　　　　　　/ 154

　　第三节　寄居人士　　　　　　　　　　　　　　　　　　　　/ 168

第五章　胜迹：留存在大地上的历史印记

　　第一节　古建筑　　　　　　　　　　　　　　　　　　　　　/ 180

　　第二节　古遗址　　　　　　　　　　　　　　　　　　　　　/ 188

　　第三节　古墓葬　　　　　　　　　　　　　　　　　　　　　/ 192

　　第四节　匾额　　　　　　　　　　　　　　　　　　　　　　/ 198

参考书目

后　记

第一章 时代:历史长河中的重要时段

从西汉置武威郡以来,凉州即为富庶繁荣之邑,而武威境内的人类文明之光可以追溯至5000年前的远古时期。在武威境内发现的新石器时期文化遗址达20多处,分别代表了马家窑文化(半山类型、马厂类型)、齐家文化和沙井文化等远古文化类型。

西汉元狩二年(前121年),骠骑将军霍去病西击匈奴,汉置河西四郡,武威成为丝绸之路重镇,是中西交通的重要中转站,从那时起武威大地闪耀着灿烂的文明之光。在凉州区磨嘴子、五坝山、旱滩坡等出土的王杖诏令简、医药简、仪礼简、杂占简等,这些汉简数量虽然不多,但具有重大的学术价值。1969年9月,雷台出土铜奔马,以超凡的铸造技术和工艺水平著称于世,为国宝级文物中举世无双的精品。

公元300年,"八王之乱"愈演愈烈,中州士人纷纷避离京师。张轨也在这一年出镇凉州,于次年抵达姑臧,开启了前凉的肇基。公元400年,李暠建立西凉政权。于是,河西大地上呈现出以姑臧为都的后凉、以西平为都的南凉、以张掖为都的北凉、以敦煌为都的西凉"四凉国"鼎立局面。十七年后北凉沮渠蒙逊统一河西,又过了二十二年北魏拓跋焘攻灭北凉。五凉王国的统辖区域,是以姑臧为核心都市,以河西走廊为中心地带的西北大部地区。所以,赵俪生认为,中古时期的姑臧是"一个具有全国意义上的三大据点之一"。

西夏是党项羌人建立的割据政权。宋仁宗明道元年(1032年),李元昊占领凉州,随后建立西凉府,领姑臧、神鸟、番禾、昌松和嘉麟五县。《西夏书事》称凉州为天府之国，"得凉州后，灵州之根固，况其府库积聚，足一给军需，调民食，其天府之国也。"《凉州重修护国寺通感塔碑铭》（后简称《西夏碑》）载："大夏开国，奄有西土，凉为辅郡，亦已百载。"可见，西夏自开国始即将凉州视为"辅郡"，成为其统辖西部的经济都会和文化中心。

史前文明、汉魏大邑、五凉古都、西夏辅郡……构成了古凉州波浪壮阔的历史长河中的重要时段，在千百年的厚重岁月里，闪耀着永恒不朽的文化光芒。

第一节　史前文化

史前时期的年代范围是文字未出现前的人类历史，在我国则指夏朝之前的文化。夏朝从公元前 21 世纪开始创造了人类早期文明活动，从那时起各个历史时期的人类文化遗址就遍布祖国各地，形成了灿烂辉煌的华夏古文明序列。在这个序列中，也包含着武威先民们的伟大创造。

武威所处的河西走廊，在距今 6 亿年以前的远古时代，还是一片苍茫壮阔的海洋。随着地壳演变，隆起为祁连古陆。在距今约 7000 万年前的喜马拉雅造山运动中，祁连山区急剧上升，形成绵延千里的祁连山脉。山脉以北的东部地带，形成了今天武威盆地的基础。距今约一二十万年前的旧石器时代中期，最早的武威先民过着狩猎、采集、游牧的生活，辛勤地开垦着这块土地，翻开了武威历史的第一页。据考古发现证明，远在四五千年前即新石器时代，武威先民的文化发展状况已与中原地区相接近。在武威城东南约 15 公里的凉州区古城镇五坝山、南 20 公里的新华镇青嘴喇嘛湾、东南 30 公里的金河镇王景寨等地相继发现了代表新石器时代母系氏族社会文化即马家窑文化的遗址。武威境内新石器时代父系氏族社会文化即齐家文化的代表，当数城西北的皇娘娘台遗址和海藏寺遗址。瑞典考古学家安特生于1924年在民勤县沙井村发现了公元前800年至前600年的一处文化遗址，年代相当于中原地区西周至战国时期，距今约3100至2400年之间。1948年，北京大学史前考古学教授裴文中带领西北地质考察队赴甘肃、青海考察，调查了民勤县柳湖墩、沙井东和永昌县三角城等遗址，首次将此类青铜时代末期的一种文化类型命名为沙井文化。沙井文化因此闻名于世，被学界广知。

一、马家窑文化

马家窑文化产生在遥远的史前时代，是凉州文化的源头，出现于距今5700多年的新石器时代晚期。

1924年，瑞典考古学家安特生在甘肃临洮马家窑村麻峪沟口发现一处远古文化遗址，发掘了大量的上古时期代表华夏文化的彩陶器物。安特生将马家窑遗存和广河的半山遗存合称为仰韶期或仰韶文化，为了与河南、陕西的仰韶文化相区别，学界也称之为甘肃仰韶文化。1944年，夏鼐到甘肃进行考古工作，认识到所谓甘肃仰韶文化与河南仰韶文化有颇多不同。马家窑文化是仰韶文化庙底沟类型向西发展的一种地方类型。考古认为，人口压力、农业经济与狩猎、采集经济的结合是马家窑文化从仰韶文化中分化出去的主要原因。夏鼐研究认为，应将临洮的马家窑遗址作为代表，称其为马家窑文化。

20世纪50年代以来，武威发现了大量的马家窑文化遗址。如天

虫类纹双耳彩陶壶

祝县东坪镇的坪山小沟遗址、罗家湾遗址，古浪县朵家梁遗址和老城遗址，凉州区下双镇蓄水村东的瓦罐滩遗址、丰乐镇东湖村北的郭家山遗址、古城镇宏化村的五坝山遗址、金河镇王景寨村等。从出土的各种彩陶的烧制、纹饰和装饰技巧及风格来看，充分反映了早在5000年左右，居住在武威这块土地上的先民们成熟的制陶工艺和高超的技术水平，体现了他们的聪明才智和创造才能。

武威马家窑文化遗址的发现，为马家窑文化的考古研究提供了有力的文物遗存。历史学家据此廓清了马家窑文化在洮河、湟水流域、石羊河流域传播发展的文化脉络。首先，马家窑文化由渭河上游向东翻越陇山进入关中平原，向南翻越西秦岭山地，经西汉水上游进入白龙江下游，又从白龙江下游经阴平道、扶文松州道南下岷江上游，由泾河上游翻越六盘山西进黄河支流清水河流域。到了晚期，马家窑文化由湟水支流大通河下游、黄河支流庄浪河谷，并翻越乌鞘岭至河西走廊东部的石羊河流域。

武威的马家窑文化是分布湟水支流大通河下游、黄河支流庄浪河谷以及乌鞘岭以北石羊河流域的新石器时代晚期文化，以独特绚烂的文化形态向世人展示了图案精美、内涵丰富的彩陶文化，主要包括马家窑、半山、马厂三个类型。

（一）马家窑类型

武威市凉州区下双镇蓄水村东的瓦罐滩遗址、丰乐镇东湖村北的郭家山遗址、古城镇宏化村的五坝山遗址是较为典型的马家窑文化遗存。据考古发掘报告显示，这些墓葬经发掘的有10多座，墓地一般和住地相邻，墓葬排列不太规则，多数为东或东南方向。盛行土坑墓，有长方形、方形和圆形等。葬式因时期和地区不同而有变化，一般有仰身直肢、侧身屈肢和二次葬。墓葬内一般都有随葬品，主要有生产工具、生活用具和装饰品等，少数随葬粮食和猪、狗、羊等家畜。有的墓地的随葬品，男性多石斧、石锛和石凿等工具，女性多纺轮和日用陶器，反映出男女间的分工。随葬品在数量和质量上都存在着差别，标志着原始社会逐步走向解体和中华文明曙光的来临。

马家窑文化反映出凉州先民在新石器时代的制陶业水平，其彩陶继承了仰韶文化庙底沟类型的风格，比仰韶文化有进一步的发展。凉州区下双镇蓄水村东的瓦罐滩遗址、丰乐镇东湖村北的郭家山遗址、古城镇宏化村的五坝山遗址等出土的彩陶钵、舞蹈纹彩陶盆、双耳漩涡纹陶罐、彩陶提梁钵、平行网线圈点纹双耳彩陶壶、虫类纹双耳彩陶壶等器物。特别是旋涡纹双耳彩陶罐，其构思巧妙，是马家窑文化彩陶高度发达的代表作，1996年被国家文物局文物鉴定专家组定为一级文物。从这件器物的图案上，充分表达了凉州先民对自然充满诗意的哲学思考和强烈追求美的审美愿望。武威磨嘴子马家窑类型文化遗址中出土了一件舞蹈纹彩陶盆，高约14厘米，口径29.5厘米，腹径28.5厘米，底径11厘米，精美的花纹和丰富多彩的图案构成了典丽、古朴、大器、浑厚的艺术风格。这些彩陶在手制的橙黄色细泥质器内外，用黑彩施绘各种图案，线条优美流畅，图案绚丽对称，大笔粗抹，不拘繁缛，充分说明早在5000年前，凉州先民已有成熟的制陶工艺和高超的技术水平，是武威悠久历史的实物见证。

马家窑文化以彩陶器为代表，它的器型丰富多彩，图案极富于变化和绚丽多彩，是世界彩陶发展史上无与伦比的奇观，是人类远古先民创造的最灿烂的文化，是彩陶艺术发展的顶峰。它不仅是工业文明、农业文明的源头，同时它源远流长地孕育了中国文化艺术的起源与发展，它神奇辉煌的艺术魅力依然震撼着人们的心灵。

（二）半山类型

半山文化是黄河上游及石羊河流域马家窑文化的晚期类型之一，因甘肃广河县半山遗址而得名。分布在武威的半山文化类型遗址有凉州区四坝镇半截墩滩遗址、丰乐镇郭家山遗址,天祝县东坪镇坪山小沟遗址、罗家湾遗址等。考古资料表明,半山时期的凉州先民过着以农业为主的定居生活,每个村落有一定的布局,房屋的形式主要有方形和圆形、地穴式和平地起造等不同的形式。农业生产使用石刀、石斧和骨镞等工具,已养家畜猪、狗。半山遗址中也挖掘出了一定数量的墓葬,有土坑墓、石棺墓和木棺墓三种。早期多仰身葬,中晚期多侧身葬和屈肢葬。葬品一般很少,少数墓有较多的随葬品,开始出现贫富分化的现象。随葬工具方面男性多随葬石斧、石锛、石凿,女性多随葬陶纺轮,反映出男耕女织的劳动分工。

半山式陶器专属随葬品,事实上同时也广泛使用于人们的日常生活。其彩陶造型宽厚、纹饰繁密,是马家窑文化繁荣与兴盛的标志。半山类型开始有了一些与马家窑类型不同的变化和发展,称为半山式陶器。在凉州区四坝镇南仓村西南的半截墩滩遗址、丰乐镇的郭家山遗址等出土的手制彩陶壶、瓮、罐、盆、盂、钵、碗等,内外有彩,黑、红两色绘抹,且常以锯齿形镶边,十分精致。

天祝县东坪镇坪山小沟遗址、罗家湾遗址典型体现了半山文化的类型特征。坪山小沟遗址出土的四大圈纹彩陶罐,高37.7厘米,口径11厘米,腹径35.4厘米,底径10厘米,泥质红陶,敞口,短颈,圆肩,球形腹,下腹内敛,腹部有对称双环形耳,施黑红彩。纹饰分三层:口沿内绘黑色波浪纹、红色带纹;颈部绘红、黑二色带纹二圈;肩部绘四大圈纹,圈内绘网格纹,其下绘黑色带纹及垂弧纹一圈。四大圈纹是马厂类型彩陶最具代表性的典型纹饰,是由马家窑、半山类型的旋纹演变而来,由四大圆圈组成,主要装饰于大型壶、罐的肩腹部。先用红彩带绘四大圆圈,内外绘黑色带圈,圆圈内填以各种各样的几何纹,常见的有网格网线纹、菱格纹、斜方格纹、三角纹、十字纹等。

罗家湾遗址位于天祝县东坪镇罗家湾村西北2公里,也是一处马家窑文化半山类型遗存。面积约20万平方米，文化层厚约1.2米，暴露有泥质、夹砂红陶片。曾出土方格纹彩陶双耳罐、筒状杯、尖底瓶和红陶罐多件，并有石刀、石斧等。遗址保存较好，对研究马家窑文化的分布和文化内涵有重要价值。坪山小沟遗址和罗家湾遗址考古表明，大通河一带在4000年前的新石器时代晚期就已进入氏族公社，母系与父系交替，但仍以母系氏族公社制度为其典型形态的社会阶段。

此外，古浪县朵家梁遗址出土四大圈纹彩陶罐，口径10.6厘米，底径9.9厘米，高33.9厘米，施褐、黑两色彩绘。口沿内饰一圈带纹，颈部饰网格纹，肩部绘圈纹间夹折线纹和点线纹；腹部用宽带纹间夹四大圆圈纹，圈纹内各用8条黑线、4小褐块将圆分为9部分，间饰网格纹，耳下绘垂幛纹，呈现出典型的新石器时代马家窑文化半山类型。

（三）马厂类型

马厂类型是因为最早发现于青海民和县马厂塬而得名，在距今4350年至4050年之间。

半山类型结束后，马家窑文化进入马厂类型，分两支继续发展。一支以青海乐都县柳湾为代表，主要分布于兰州以西及青海地区，此支后发展为齐家文化；另一支沿河西走廊向西北发展，以甘肃永昌县鸳鸯池遗存为代表，逐渐演变为四坝文化，向西进入新疆中部，最后在新疆绝迹。从考古发掘来看，马厂类型分布范围与半山类型大致相同，只是发展到了河西走廊的西端玉门一带，主要在甘肃和青海两省境内。

分布在武威的马厂类型的遗址有凉州区金河镇王景寨遗址、古城镇上河村东南的塔儿湾遗址、长城镇红水村东南的头墩营遗址和北湾台遗址；古浪县裴家营镇的老城遗址和营盘梁遗址、高家滩遗址，定宁镇的水口子遗址，古浪镇暖泉村的西台遗址和土坝遗址，永丰滩的白板滩遗址；天祝县东坪镇的小沟遗址、罗家湾村的罗家湾遗址等。武威境内马厂文化的发现与调查表明，当时迁徙到武威的先民过着分散的游牧生活，人死后单个安葬，随葬器物的多少说明了贫富的差异。后来随着生产的发展，男性在生产中逐渐占主导地位，农业生产的发展和父权制的产生形成聚落址并逐步趋向定居。

1980年，考古专家对古浪县裴家营高家滩遗址试掘20平方米，出土石刀、敲砸器、石斧、骨刀柄、骨锥、骨笄、骨饰、骨璧、彩陶杯、盆、罐、钵、夹砂素面陶罐等。其中出土一件夹砂粗红陶大陶瓮，高95厘米，口径20厘米，腹径85厘米，底径23厘米，出土于居住遗址，是盛谷物用的生活用具。古浪县土门朵家梁遗址出土有谷米等，证明当时农业已很发达。

马厂类型文化早期陶器组合以彩陶双耳罐、小粗陶双耳罐为主。双耳彩陶壶体形矮胖，短颈侈口，长颈彩陶壶多直口，流行黑红两彩和锯齿纹，某些因素和半山陶器颇相类似。马厂中期彩陶双耳罐数量减少，彩陶壶由肥变瘦，颈部逐渐加长，腹微内收。在底色上以黑色线条表现图案，其画法粗犷、豪放、大胆、雄浑，类似于写意画。有专家称，从某种程度上可以说马厂彩陶的绘画是中国写意画的源头。

2005年7月，考古专家在凉州区新华镇缠山村磨嘴子发现了一处距今约4000年的仰韶文化马厂期新石器时代遗址，范围较广，面积达上万平方米，考古人员对其中1000多平方米的遗址挖掘后发现，遗址内遗存物较多，层面内涵丰富，有早期人类居住遗址、废弃的灰坑、烧器物使用过的窑址和新石器马厂期大量墓葬。其中人类居住遗址分为两种类型：一种为圆形袋状土坑，直径1.8米，深1.2米；另一种为长方形土坑，形状奇特，有门道，门道中有主洞，坑内有储藏洞，灰坑呈圆形平底，较大的灰坑直径长达2米，深1.8米左右，坑内多为生活垃圾、草木灰，地上还夹杂着大量珍贵的彩陶碎片。窑址呈长方形，均利用自然黄土层挖成，距地

表0.3—0.5米，窑内存有彩陶片、泥制红陶片等。墓葬基本为单人土坑葬和少量的婴儿瓮棺葬。这次遗址发掘是武威历史上较大的一次，共发掘马家窑文化马厂期墓葬76座、灰坑43座、居住遗址8座、窑址6座，出土的器物有彩陶罐、陶球、纺轮、石斧、石棒、石刀、骨珠等。另外，还有一件珍贵的彩陶壶，上面绘制着人类最原始的图案和线条，闪耀着史前人类的文化光芒。

　　武威马家窑文化是新石器时期华夏文明晨曦中最绚丽的一道霞光，折射出凉州先民在远古时代所达到的文化成就。马家窑文化，不仅包含着史前时期众多神秘的社会信息、文化信息，同时也创造了中国画最早的形式，开启了人类文明的新一页。

二、齐家文化

　　齐家文化是世界闻名的中国最早的青铜时代文化，是新石器时代向青铜器时代过渡的一种遗存。齐家文化是铜石并用时代的一种文化类型，因1924年6月瑞典考古学家安特生在甘肃广河县齐家坪首次发现而得名。齐家文化时处中华文明从史前社会向王朝国家过渡的关键时期，大约存续时间距今约4300年至3500年之间，经历中华文明起源与早期发展从万邦林立到华夏一统的特殊历史阶段。主要分布在甘肃洮河、大夏河、渭河上游和青海湟水流域。截至目前，发现的齐家文化遗址有11000多处，较著名的有广河齐家坪，武威皇娘娘台、海藏寺，天水师赵村、西山坪、七里墩，武山傅家门、灵台桥村，永靖大何庄、秦魏家，临潭磨沟，青海乐都柳湾、大通上孙家寨、贵南尕马台、西宁沈那、民和喇家、大通长宁，宁夏固原海家湾、店河、隆德页河子等遗址。

　　武威皇娘娘台、海藏寺等文化遗址属齐家文化遗址。皇娘娘台遗址位于武威市凉州区金羊镇皇台村，是一处新石器时代晚期至青铜时代早期的齐家文化典型遗址，距今约4000年。遗址东西长500米，南北宽250米，

玉玦

　　文化层厚度 0.62 米至 2.3 米，内涵非常丰富。1957 年至 1975 年，考古专家曾对皇娘娘台遗址进行过 4 次考古发掘，遗址内住址、窖穴、墓葬齐全，房屋共发现 6 座，多为方形半地穴式建筑；窖穴围绕房屋，有圆形、椭圆形和长方形 3 种；墓葬皆为长方形竖穴土坑墓，共 88 座。从皇娘娘台考古发现，成年男女合葬墓随葬品有璧、璜、绿松石珠、粗玉石片、红铜器、陶器、猪下颚骨等。陶器多破损成片，以泥质红陶最多，彩陶较少。一位男性身上集中放置有 80 余件璧，已经有半地穴式房子，说明此时凉州一带不仅有农业、畜牧业，还有手工业。

　　皇娘娘台遗址还出土有大量陶器、石器、骨器、玉器和不少铜器，为学界研究史前文化提供了丰厚的物证资源。石器种类很多，有斧、刀、凿、镰、镞、纺轮、刮削器等各种生产工具，多为磨制，证明当时农业经济已经有很大的发展。骨器种类亦较多，有针、凿、锥、镞等工具，还有牛、羊、猪等兽骨，反映出畜牧业的发达，而骨针则标明缝纫手工艺也相当盛行。箭镞的普遍使用，可知狩猎仍是人们的一种辅助性生产。皇娘娘台遗址出土的 30 件铜器都属红铜，形制有锥、刀、凿，为成批出土年代最早红铜器。可见，铜器的出现并使用，为当时生产力的发展起了促进作用。

皇娘娘台墓葬一次出土的玉石器达 83 件，有一件青白色玉璧，现藏于甘肃省博物馆，属于一级文物。从出土玉器的数量和质量来讲，说明此地曾是"西玉东输"的必经之地。

海藏寺遗址南距武威皇娘娘台遗址仅有 1.5 公里。1983 年在武威海藏公园湖底及海藏寺东侧的海藏河岸发现一批齐家文化玉器、玉料、石器、骨器、铜器。玉色有白玉、青玉、碧玉。其中玉璧 37 件，石璧 47 件，最大的 1 件玉璧，直径为 15 厘米、孔径 7.5 厘米、厚 0.5 厘米。有 1 件玉石璧为圆角方形。因还有大量的玉石器半成品、毛坯、原材料，所以该遗址被专家认定为齐家文化的玉石器加工作坊。因这里与武威皇娘娘台遗址距离很近，故而被推测应是皇娘娘台遗址的一部分。遗址中出土的玉石璧有圆形、圆角方形、不规则形等三种形制。圆形玉璧为青色玉质，有褐色和红色沁斑，体扁平，呈规则圆形片状；内外缘十分规整，薄厚均匀，中心有一单面穿圆孔，经过打磨修饰。圆角方形玉璧亦为青色玉质，体扁平，呈不规则方形，圆角；薄厚不均，中心有一单面穿圆孔，管钻痕迹明显，两面均有长度为 7.5 厘米的开料痕迹；直径 7.5 厘米、孔径 3 厘米、厚 0.6 厘米。此外，还有不规则形玉璧，数量较少，大都因材制作，形成不同的形状。另有一件玉璧，一半呈黄绿色，一半呈青绿色，平面似桃形，中间厚，周边薄，一面光滑，一面凹凸不平，上圆角凸出，下圆角呈凹型，近中部有一单面穿孔。据专家分析这件玉璧可能是齐家文化玉璧的雏形，对研究玉璧的演变具有重要价值。

齐家文化时期的凉州先民的生产工具仍以石器为主，但开始出现红铜器，说明当时生产力已发展到一定水平。璧作为权力与财富的象征大量出现，且多放置于男子身上，说明货币已经产生，父权制已经确立，贫富差别已经出现。陶器以细泥红陶和夹砂红陶为主,最具代表性的器物是双耳罐,纹饰有篮纹、绳纹等,也有少数绘几何形纹。

齐家文化是研究武威史前文明多元一体的重要组成部分。皇娘娘台遗址、海藏寺遗址充分展现了齐家文化的生活形态、社会经济、风俗礼仪、祭祀活动等基本特征,揭示出齐家文化博大精深的内涵。

三、沙井文化

沙井文化,是我国青铜时代末期的一种文化类型。1924年,安特生结束了洮河流域的考古调查之后,在民勤柳湖村、沙井子、黄蒿井,以及永昌三角城等地进行了详细的考古调查,并在沙井南发掘了53座墓葬,出土彩陶双耳圜底罐等器物,其中的连续水鸟纹尤为独特,不见于其他彩陶文化。安特生在《甘肃考古记》中载:"镇番西部之沙漠中,吾人所见远古遗址,为数甚多。据余个人研究所得,盖为远古文化之最晚者,因名之曰沙井期。沙井者,为镇番西三十里之小村。"由于此前发现铜器,安特生将它列为甘肃远古文化"六期"之末,称为沙井期。

沙井文化遗址地位于民勤县薛百镇薛百村西南6公里,是发现最早的一处沙井文化遗址。遗址分布于沙丘间,面积约1.5万平方米。文化层厚约0.3米。大部分已被沙丘覆盖,在沙岭间平地上暴露有大量夹砂红陶片。陶器为手制夹砂粗红陶,器形有单、双耳罐、单耳筒状杯、鬲等,饰绳纹,有彩绘陶,纹样有条纹、三角纹或鸟纹;青铜器有刀、三棱、镞;另有金耳环、绿松石、贝等装饰品。另采集有石斧、带

弦纹圜底罐

孔石刀、石镞。遗址保存较好，对研究沙井文化的内涵和河西青铜文化有重要价值。

沙井子出土的文物，既有新石器时代的陶罐石斧，也有青铜器时代的铜刀、铜镞，还有大量的金耳环、绿松石、贝壳、蚌珠等饰品。从墓葬中殉葬的牛、马、羊骨可以推断，武威先民已开始驯化和大规模繁殖家畜。出土的陶器表面布满了花色繁多的图纹。墓葬排列密集，一般大墓位于墓地中心，小墓分散四周。墓的形制以偏洞墓为主，竖穴土坑墓次之，个别为单竖井或双竖井洞式墓。葬式多仰身直肢葬，头向东北。随葬品以铜牌、铜刀等装饰品为主，陶器较少。铜器种类丰富，有铜刀、铜炮、铜连珠形饰、铜管、铜坠和铜铃等，形制与鄂尔多斯青铜器相似。从出土物的器型和墓葬中殉葬的牛、马、羊骨等强烈地反映出，这一时期的社会经济以畜牧业为主，农业、手工业不占主导地位。专家分析，这些带有纹饰的器物以及贝壳、蚌珠等饰品，应该是贵族的奢侈品，说明那时的民勤沙井子一带，稻谷飘香、驼马盈野、城郭俨然、政治和谐。

三角城遗址是迄今为止河西走廊最早的古城市遗址，在整个沙井文化区域中三角城保存最为完好，出土文物最多。不仅有石器、陶器、皮革、卜骨和贝币等物品，还有金、银、铜、铁等器具，呈现出繁复的社会演进历程。除此之外，1949年后的几次考古发掘中曾在天祝董家台、兰州黄河南岸范家坪，以及永昌鸳鸯池、永登榆树沟等地也发现了同类遗存。资料表明，沙井文化的中心区域在腾格里沙漠的西部、西南部边缘地带，即武威、金昌一带，向东南延伸可至永登、兰州附近。

1979年3月，甘肃省文物工作队再次复查了三角城遗址和蛤蟆礅墓地，同年6月开始发掘上述两遗址，以及西岗、柴湾岗墓地。1981年11月，结束全部工作，清理墓葬585座，出土陶、石、铜、铁等器物2000余件。这是沙井文化命名以来的第一次大规模的发掘，为深入探讨沙井文化的内涵奠定了基础。

沙井文化不仅是甘肃年代最晚的含有彩陶的古文化,而且也是中国最晚的含有彩陶的古文化。沙井文化深受北方草原文化和渭河上游文化的影响,出土的文物中尽管陶器器型比较单一,做工也较为粗糙,但铜器类型却异常丰富,除了铜制的首饰外,还有铜刀、铜炮等器具,体现了较高的制铜工艺水平。

第二节 两汉文化

公元前202年,在楚汉战争中获胜的刘邦建立汉朝。初期,汉朝的统治者都吸取秦亡的教训,尊奉黄老无为思想,采取"与民休息"政策,减轻赋税、徭役和刑罚。经过60多年的发展,西汉国力愈加强盛。到汉武帝时期,已经有了较为殷实的基础,支撑汉武帝在稳固边疆的基础上积极开拓疆域。武帝任用卫青、霍去病等,经过三次较大规模的战争,夺取了阴山以南和河西走廊的大片水草丰茂的区域,在河西走廊设立武威、张掖、酒泉、敦煌四郡。为配合对匈奴的战争,汉武帝派遣张骞两次出使西域,创造了流传千古的佳话,开辟了中西交通道路,极大地促进了西域与中原的政治、经济、文化联系。中国的丝织品等沿着这条道路传向中亚、西亚、欧洲和北非,这就是著名的"丝绸之路"。武威是丝绸之路重镇,是中西交通的重要中转站。两汉时期,从中原运输到西域的丝织品、先进的生产工具等,到河西走廊东大门的武威经过停留后再继续向西传播,而从西域来的良马、苜蓿和乐舞等在武威进行本土化后,再传向中原内地。显见,两汉时期的武威在这一时期经济、社会、文化等发展中具有重要的地位。因此,在讨论河西走廊的地域文化时,两汉文化对武威的影响,以及武威对两汉文化的贡献自不待言。

在秦朝政治、思想、经济大一统的基础上，两汉时期文化艺术领域发展达到了一个新的阶段，并对此后中华文化的发展产生了深远的影响。这一时期，河西走廊由于在军事上的重要战略地位，被汉廷所重视。汉武帝元狩二年（前121年），霍去病奉命率军出陇西，开辟了汉王朝打击匈奴的河西战场。历时50余年，汉廷在河西走廊先后设置了酒泉、张掖、敦煌、武威四郡，加上后来设置的金城郡，河西因有五郡之置。河西置郡后，为了进一步打击匈奴，割断羌胡，采取了徙民的政策，大量中原人进驻河西，客观上对河西走廊的经济社会发展起了促进的作用。由于军事征伐和经济开发的促进，河西走廊开始成为一个融合中原文化，吸收西域、中亚文化的文化交融地，发展成本地区独特的文化，并获得了相应的进步。从史籍记载可知，到西汉末，河西人的文化素养已不容低估。例如：《后汉书·皇甫张段传》合传的皇甫规、张奂、段颎三人，均为凉州人士，他们初在京师以才学知名显用。这说明当时的凉州有一批享誉全国的人才。从考古来看，凉州磨嘴子和旱滩坡汉墓中发现的《仪礼》简、王杖简和医药简，以及"旱滩坡纸"、丝纺织品、漆器等，说明在两汉时期，富庶的河西走廊对先进文化的多方面需求。经学、医学等都受到重视，手工艺术的提高，纸张的出现，从不同的方面反映了当时凉州文化达到的水准和取得的成就。

两汉经过三百多年的开发经营，经济持续发展，凉州的文化事业取得了显著进步。这里虽时有羌胡反叛作乱，但与中原地区所受到的破坏程度相比，秩序显得稳定，文化事业的发展较有保障。内郡移民、任职将吏、戍守士卒以及中原避难者来到河西，西域诸国的使者、中亚地区的商贾、大月氏等国的僧徒驻足或经过河西，都对凉州文化发展产生了深刻的影响。

一、简牍

1959年至1989年，在今武威市凉州区磨嘴子、五坝山、旱滩坡等共出土汉简630多枚，内容有王杖诏令、医药、仪礼、杂占等。武威汉简数

量虽然不多,但具有重大的学术价值,特别是王杖简、医药简、仪礼简,填补了我国学术领域某些方面研究的空白。

王杖简 1959年和1981年,在武威县(今凉州区)新华磨嘴子出土"王杖十简"和"王杖诏书令"册简26枚。"王杖十简"的发现,引起了史学界轰动,郭沫若、陈梦家等撰写文章,对简文的释读、商兑、次第、编排及有关诏令的年代、尊老养老制度等问题进行研究,解决了在这一领域悬而未解的许多问题。

简中明确规定,对年70以上的老人,全社会都要给予尊重。简中记载汉宣帝刘询:"高皇帝以来,至本始二年(前72年),朕甚哀怜耆老,高年赐王杖,上有鸟,使百姓望见之,比于节,吏民有敢骂詈、殴辱者,逆不道。"还规定授王杖的老人可以随便出入官府,可以在天子道上行走,在市场上做买卖可以不收税,触犯刑律如果不是首犯可以不起诉。简文中还列举了以上规定在全国执行中的5个具体案例,案中牵扯到具体官吏、平民。

在汉简出土的同时,也出土了汉代鸠杖,使这一法律有了系统性、完整性和可操作性。汉代的养老礼一年举行春秋两次,不像先秦时代那样向70岁高龄的老人奉献斑鸠作为礼物祝愿其长寿,而是在赐给他的王杖上雕刻斑鸠(即鸠杖)。斑鸠被认为是孝敬之鸟,又寓意长久,加上传说中它对汉高祖有救命之恩,所以汉代既有"正旦放鸠"的规定,又通过赐鸠杖继承了先秦的尊老传统。对此,历史记载和文学作品都有许多描写,但始终未见实物。凉州出土"王杖简"及其鸠杖填补了这一空白,解决了许多悬而未解的问题,史料价值不言而喻。以鸠杖为代表的敬老养老标志虽然在全国许多地区均有出土,但武威磨嘴子、旱滩坡、五坝山出土的王杖(鸠杖)是我国古代敬老养老制度的最典型、最有代表性、最具权威性和系统性的实物见证。

医药简 1972年11月,武威县柏树乡群众在旱滩坡兴修水利时,在

第一章 时代:历史长河中的重要时段

王杖诏书令册简

一座东汉早期的墓葬中发现了一批医药简,共 92 枚。简牍中可识别文字共 3097 个,书写多为隶书。木简为松、杨两种材质,其中一简书"右治百病方"尾题。据考证,墓主人是一位老年医生,这些医药简牍就是他多年行医的经验和有效方剂的真实记录。简书内容相当丰富,包括了临床医学、药物学、针灸学及其他内容。在临床医学方面,不仅有对疾病症状的描述和病名、病因、病理的记载,还有许多治病的方剂,载有内、外、妇、五官、针灸等方剂 30 多个,内容丰富,保存完整。在药物学方面,简中列举了植物药、动物药、矿物药和其他药物 100 多味,其中有 20 味不见于《神农本草经》。简文中还对这些药物的炮制、剂型以及用药方法、时间都做了详细记载。在针灸学方面,简文记载有针灸穴位、留针方法、针灸禁忌等内容。从简文的整个内容来看,充分体现了我国传统医学"辨证施治"的原则，并具体运用到了临床。

武威医药简是我国年代较早，形式最完整，内容最丰富的验方著录，反映了我国早期医学水平和中医的临床治疗等真实情况，不仅是我国考古学上的重要发现，也是医学史上的大事，为我国古代医学，特别是汉代医疗史的研究提供了珍贵的实物资料，是祖国宝贵医学链条上的重要一环。同时，简书书体以隶为主，洒脱流畅，用笔练达，字里行间闪耀着一种动态美，具有率意、质朴、粗犷、雄健的风格，深受书法家推崇。经学者研究认为，武威医药简至少具有六个方面的价值：一是扩展了古代药物学种类，二是创立了新的方药剂型，三是在中国医学史上首提"活血化瘀治法"，四是开创了中医辨证施治的先声，五是体现了"勤求古训、博采众长"中医传统精神，六是语言文学、版本学和书法艺术方面的价值。

《仪礼》简　1959年，武威县磨嘴子一座王莽时期的土洞墓中发现了一批《仪礼》简，共469枚，27298字。这批汉简，除少数竹简以外，绝大部分是木简，用松木制成，用汉代通行的隶书写成。据考证，这批简册在入葬以前不是为殉葬而写的，而是墓主人平时诵读的经书，其中一枚后有"河平□年四月四日诸文学弟子出谷五千余斛"一行。"河平"为西汉成帝年号，即公元前28—前25年。这说明墓主人生活在成帝年间，他本人可能是所谓文学弟子或文学弟子的老师。这批简牍是目前所见最古老的一部完整的包含9篇《仪礼》的手写本经书，内容包括今存《仪礼》11篇中的7篇，为研究汉代简册制度提供了可靠的实物依据。同时，由于它不是散乱的残简令札，而是完整的书册，是西汉经书的样本，在我国所有出土的简牍中，保存最为完整，大多数本色、墨迹如初，虽稍有残损，但每一篇首尾俱全，保存了原书的编题、尾题、页码和顺序，对研究汉代经学和《仪礼》的版本具有重要价值。另外，此简字体已摆脱了篆书框架，笔势流畅，工整秀丽，具备了成熟汉隶的气质，是研究书法艺术的第一手资料。

我国文化典籍浩如烟海，包括《仪礼》在内的"四书五经"版本众多，可谓汗牛充栋，尤其是汉武帝实行"罢黜百家，独尊儒术"以后，儒家思想成为统治阶级的主流思想。到成帝时，儒家思想已统治近百年，基本上被社会所接受。《仪礼》简证明，汉代知识分子已把儒家经典作为重要的陪葬品，既反映出墓主人对此的痴迷，寄托着某种理想和追求，又道出了儒家思想的根深蒂固。

二、木雕

汉代木雕在我国雕刻史上占有独特的地位。无论是陵墓的纪念碑群，还是小型多样的雕刻，无不表现出深沉宏大的气魄和质朴简练的手法。武威出土的木雕珍品，标志着汉代木雕已达到较高的水平。仅武威磨嘴子31

彩绘木雕博戏俑

号墓就出土木雕近90件，有马、牛、鸡、狗、羊和鸠杖杖首的伏鸠，以及独角神兽。据研究，一般马、牛及神兽的蹄、腿、耳、尾等都是另雕后安装上去的，然后上施彩绘。不论是舞女、侍仆，还是鸡犬鞍马，都是用极简练的刀法，雕刻出准确的形象和生动的姿态，有些还是具有情节的生动形象。雕刻的方法是用熟练简洁的刀法削出大概的形体动态，富有一定的立体感和运动感，展现出愉悦明快的雕刻艺术效果。

武威磨嘴子墓群出土的木雕中，最生动的作品是一套表现六博的木雕：两位圆髻长衣的男子相对而坐，中间放置方形的六博盘，一人以右手的食指和拇指握紧一束长条形的博箸，另三指前伸，正欲向博盘中投掷；对面一人以右手抚膝，左手前摆，似欲向掷箸者讲些什么，姿态生动、眉目传神，把当时人们博戏的情景生动地重现在人们面前，是极富有生活情趣的汉代木雕佳作。

汉代武威木雕气势古拙，富有想象，讲究线条艺术，不事细节的修饰，在以粗轮廓整体形象的飞扬流动中，表现出"气势"的美，静中寓动，浑厚简洁，表现了汉代武威的雕刻水平，是古代美术史上的宝贵遗产。

三、建筑

在汉代，社会经济发展、文化繁荣，技术进步，特别是建筑方面的砖瓦技术完善，木构技艺成熟，建筑领域也进入了一个崭新的时代。汉代武威建筑之巧妙，集成于以下两种：

坞壁　汉末，社会动荡，镇绅地主拥有大量土地、附庸和部曲私兵，形成大大小小的地方武装集团，筑城堡自卫，称坞壁。即以宅第为中心，周围筑高墙，四角建角楼，宛若一个缩放的军事堡垒。其功能与瓮城相似，在有冲突发生时，可利用地形随机应变。现藏于武威市博物馆的坞壁便是中央为天井，四周为建筑，四角各有一座稍向外挑出的角楼，院中心为一座五层楼阁，似作瞭望用。这个坞壁，虽为明器，却能真实地反映现实，但现实的坞壁当比此规模更大，结构更为复杂。

墓葬　两汉的贵族坟墓，外形多采用方锥形平顶的形式，地下部分的发掘表明，在西汉前期大多用木椁墓，西汉末期流行石室墓，东汉普遍用小型砖砌筑墓室。墓内分为前室、中室、后室、耳室、回廊等，目的是仿现实生活的住所。武威雷台汉墓是典型的两汉时期的砖石墓，是为数不多集规模与艺术性、考古性为一体，保存较为完整的汉墓之一。

绿釉陶楼院

四、造纸

我国古代造纸技术虽发明于西汉初期，但在整个西汉时代，用作书写的纸的数量还是较少的。东汉之后，不但考古发掘的带字纸明显增多、纸的质量明显提高，而且有关文献记载也增多起来。东汉纸的出土情况及其科学分析今见于报道的东汉古纸计约5批。其中一批便是1974年在武威旱滩坡东汉晚期墓葬出土的留有字迹的古纸。出土时，古纸呈上下三层，贴附在木车模型的车舆和车辕上，已裂成了碎片，最大一片长宽均约5厘米，因年久老化，表面已呈褐色，唯内层可见有两片呈白色且仍有一定强度和柔性。文字为隶书，可辨的有"青贝"等字。

据报道，专家们对旱滩坡纸先后进行了两次科学分析，测知此纸的总厚度约只有 0.07 毫米，与今机制原稿纸（40 克/平方米）相当，原料为大麻等麻类纤维。纤维帚化程度较高，细胞已遭破坏，大纤维束已经很少看到。故纤维交结细匀，纸面紧密，透眼很少。碘氯化锌染色呈酒红色和黄色反应。专家们还发现此纸曾进行过单面涂布加工，涂层细平而均匀。涂料中还有一种糊状物。因年代久远，有的涂层与纸基已结合得不十分紧密，用小工具便可使它们相互分离，纸基厚度只有 0.04 毫米，与 20—30 克/平方米的薄型纸相当。依此推测，当时的洗、舂等工序都已相当先进。因其纤维较长，且均匀分散，专家又推测当时很可能使用了悬浮剂；又因其底面较为平滑致密，故成型后很可能还采用了压榨、平面干燥等工序，说明当时整个造纸技术已达一定水平。

第三节　五凉文化

东晋十六国时期，河西地区相继出现了前凉、后凉、南凉、北凉、西凉五个政权，史称"五凉"。五凉政权的统治者们在建邦立国、为王称霸的前提下，谨修内政，安民保境，带领各族人民发展经济，促进文化，使凉州在百年之内以相对安定繁荣而著称。中原文化、游牧文化和西域文化交流互鉴，形成了被史学家陈寅恪称赞为"上续汉魏西晋之学风，下开魏齐隋唐之制度，承前启后，继绝扶衰，五百年间延绵一脉"的五凉文化。

一、制度文化

五凉时期，各个政权在政治制度建设方面有独到之处，而这些政治制度往往上承汉晋，下启隋唐，在我国中古政治制度变迁中具有重要地位。五凉政权，除前凉外，其余诸凉多前后相继或同时并立，诸凉臣僚往返于各政权之间，新凉多用旧凉重臣，新政权制度的创设者往往来自旧政权的建设者；又五凉政权皆援引河西著姓任职，著姓仕宦又自有其传统。基于此，五凉制度间的传承自然容易实现。

（一）职官制度："拟于王者，而微异其名"

五凉政权的职官制度随政治需要而发生变化。前凉张骏"始置诸祭酒、郎中、大夫、舍人、谒者之官"，"舞六佾，建豹尾，所置官僚府寺，拟于王者，而微异其名。又分州西界三郡置沙州，东界六郡置河州。二府官僚莫不称臣。"后凉吕光"置官司、丞郎以下犹摄州县事。"北凉沮渠蒙逊即河西王位，"置官僚，如吕光为三河王故事……立其子政德为世子，加镇卫大将军、录尚书事"，建立起北凉王权政治。西凉李暠称大都督、凉公后，设置的官职制度十分健全，如：以唐瑶为征东将军，郭谦为军谘祭酒，索仙为左长史，张邈为右长史，尹建兴为左司马，张体顺为右司马，张条为牧府左长史，令狐溢为右长史，张林为太府主簿，宋䌌、张谡为从事中郎，宋䌌加折冲将军，张谡加扬武将军，索承明为牧府右司马，令狐迁为武卫将军、晋兴太守，氾德瑜为宁远将军、西郡太守，张靖为折冲将军、河湟太守，索训为威远将军、西平太守，赵开为驿马护军、大夏太守，索慈为广武太守，阴亮为西安太守，令狐赫为武威太守，索术为武兴太守。

由此可见，五凉最高统治者称州刺史、某公时推行"二府"体制，即以凉州府（州府）、都督府（军府）为最高统治机构设立相应职官，别驾、治中等州官理民，长史、司马等府官理戎。故长史、司马等府官居于重要地位。五凉最高统治者称王、称帝时则推行相应的王国官僚体制和帝国官僚体制。王国官僚体制的核心是设置自丞郎以下的百官。帝国官僚体制模仿汉晋职官制度，在中央设有以尚书、中书、门下三省及御史台职官为代表的台省职官，在地方则推行州、郡、县三级制并辅以护军制。前凉首创五凉时期的史官制度，其他诸凉政权予以继承。

（二）郡县制度：沿袭汉晋，配置完善

五凉时期，郡县制得到传承。《晋书·地理志》记载："永宁中，张轨为凉州刺史，镇武威，上表请合秦雍流移人于姑臧西北，置武兴郡，统武兴、大城、乌支、襄武、晏然、新鄣、平狄、司监等县。又分西平界置晋兴郡，统晋兴、枹罕、永固、临津、临鄣、广昌、大夏、遂兴、罕唐、左南等县。"可见，五凉时期沿袭了秦汉以来地方管理行政制度——郡县制。

西域高昌地区最早实行的郡县制，便是前凉时期传入的。前凉在平定赵贞叛乱后，张骏便在戊己校尉驻守地设置高昌郡。这是第一次在西域设立郡县制，它标志着西域也建立了和中原一样的地方行政制度。高昌地区的郡县制建自前凉，延绵西凉、北凉，传承不断。西凉在高昌地区亦设置了郡、县、镇、里四级地方行政组织，还设立了管理水渠的郡府属官平水一职。表明西凉在西域不仅具有健全的郡县制度，而且郡县配置制度也颇为完善。北凉在高昌郡下设高昌、横截、田地、高宁等县。北凉高昌政权还将原来的高昌郡分立高昌、交河、田地、横截、南平五郡。

南凉初建，秃发乌孤也是广招人才，并以河西士人为骨干进行政权建设，内设台省，外置郡县，建立起了以秃发氏为核心、以河西士人为骨干的统治集团。据文献记载，北凉郡县属官配置也相当完善，设有长史、司马、录事参军等13个属官。

（三）策试制度：统一策试，因才授官

五凉时期，自下而上推选人才的察举制度也得到沿袭传承。西凉李暠知人善任，重用人才，特别在选拔人才上效法汉魏，实行察举制度，州选秀才，郡举孝廉，统一策试，因才授官。1975年在新疆吐鲁番出土的《秀才对策文》，文书的落款写有"建初四年"字样，应是指西凉李暠统治时期。文书记载着西凉策试秀才的题目和秀才们的一一回答，留下了那时秀才进行考试的原始材料，具体而生动地再现了一千五百多年前的秀才们接受君王亲策时那种受宠若惊、欢惧相伴的神态，是中国古代选举史上的一个具有典型意义的例证。

魏晋南北朝时，选官制度虽然改行"九品中正制"，但察举制仍在沿用。下层人士通过察举入仕者，占了接近一半。那时的察举制，仍以举荐为中心环节，如孝廉、茂才、贤良方正、能言极谏等继续延设外，其举荐方式更为灵活，范围扩大，增加了许多内容。如前凉张轨命令各地推荐才学广博、品德高尚、见义勇为、孝敬老人之人，表彰奖励。南凉秃发乌孤统一了河西鲜卑部落后，发布文告，广招人才。北凉沮渠蒙逊下诏令，让所有官员搜集百姓的意见建议，搜罗不同阶层的人才。

二、学术成就

五凉时期，河西在东学西渐、西学东渐中所处的独特的文化地理位置，再加上大批学者的卓越建树，使当时的河西成为同时期整个北方地区文化最为繁荣兴盛的区域。特别是经学、玄学成就卓著，官私修史之风甚盛，天文学、地理学等自然科学领域亦有特殊贡献。

（一）经学

五凉时期，经学大家辈出，学术成果丰硕。郭瑀的《春秋墨说》《孝经错纬》，刘昞的《周易注》是代表之作。张湛、宗钦、段承根以《左传》卦解《易》，阚骃注王朗《易传》，使"学者藉以通经"。《古今文字》是江式家族将中原学术与河西学术融会贯通、精心集撰而成的经学名著，也是汇集书法艺术的大观之作；其编撰方法是"撰集古来文字，以许慎《说文》为主，爰采孔氏《尚书》《五经音注》《籀篇》《尔雅》《三仓》《凡将》《方言》《通俗文》《祖文宗》《埤仓》《广雅》《古今字诂》《三字石经》《字林》《韵集》，诸赋文字有六书之谊者，皆以次类编联，文无复重，纠为一部。"

（二）玄学

汉晋时期，《老子》《庄子》《周易》合称"三玄"。河西学者多有治《易经》者，由易学及于玄学，所取得的成就填补了魏晋玄学的空白。《人物志》是魏晋玄学名作，刘昞通过作注将其介绍至河西地区。陈寅恪特别欣赏刘昞所注《人物志》，称："刘昞之注《人物志》，乃承曹魏才性之说者，此亦当日中州绝响之谈也。若非河西保存其说，则今日亦难以窥见其一斑矣。"程骏与刘昞之间，还有一段关于老庄学旨、修身养性的谈话颇为著名。程骏对刘昞说："今世名教之儒，咸谓老庄其言虚诞，不切实要，弗可以经世，骏意以为不然。老子著抱一之言，庄生申性本之旨，若斯者，可谓至顺矣。人若乖一则烦伪生，若爽性则冲真丧。"刘昞回答："卿年尚稚，言若老成，美哉！"

（三）史学

五凉统治者普遍重视史学，前凉最早建立史官制度，此后诸凉都遵循官修史书传统。后加之私人修史之风兴起，共同促进了史学发展。举凡正史、稗史、实录、起居注、风俗记等层出不穷，仅以《凉书》《凉记》而论就有数种。如刘庆的《凉记》、张谘的《凉记》、段龟龙的《凉记》、高道让的《凉书》和刘昞的《凉书》等。另外，还有喻归的《西河记》。这些种类繁多和内容各异的史书，成为后来北魏崔鸿撰修《十六国春秋》的底本。这些史书中，以北凉著作郎段龟龙的《凉州记》较著名。《凉州记》又作《凉记》，《隋书·经籍志》著录为八卷。该书久佚，现存三种辑佚本中，以清代张澍的辑本影响较大。辑文20余条，主要记载后凉国主吕光有关史事及五凉时期河西地区的历史变迁、民族关系等。

（四）自然科学

五凉时期河西地区在文化多元、学术繁荣的背景下，自然科学也获得了一定发展，出现了一批对当时及后世影响较大的天文学和地理学著作。北凉玄始元年（412年）赵𣲗完成的《玄始历》，改订了以往19年置7个闰月的闰周，采用600年置221个闰月的闰周，使历法更为精密。北魏攻灭北凉后，《玄始历》取代《景初历》，直至522年为《正光历》所替代。《玄始历》传到南朝，祖冲之在编制《大明历》时，吸取了赵𣲗的研究成果。又如阚骃编撰的《十三州志》,共十卷,是一部全国性的地理总志,内容以汉代所设十三州为纲,系统介绍了各地的郡县沿革、河道发源及流向、社会风俗等地理现象。行世后受到当时和后世学者重视,郦道元《水经注》引用《十三州志》材料多达百余条。唐颜师古注《汉书》时,认为《十三州志》"精审有价值,因而独取其文为注。"刘知几《史通·杂述篇》论道:"阚骃所书,䃣于四国。斯则言皆雅正,事无偏党者矣。"

三、文学成就

就文人数量和作品质量而言,五凉时期河西地区文学创作位居北中国文坛之首位,流传至今的五凉作品,见于史籍的书目不少,体裁多样,内容丰富,其文学"承汉魏之旧旨,玄风涤尽,文采与实用并重",在诗、赋与民歌等方面出现了新气象。

(一)诗歌体裁多样

前凉张骏擅作五言诗,有集八卷,题材多为咏史、感怀两类。《东门行》写姑臧城外春天景色,毫无凄苦之象,如"嘉苗布原野,百卉敷时荣。鸠鹊与鶖黄,间关相和鸣。芙蓉覆灵沼,香花扬芳馨。春游诚可乐,感此白日倾。"具有田园诗的冲淡意蕴,反映了五凉时期文学的新气象。另一首五言诗《薤露行》,是一首反映西晋灭亡、义士怀愤等重大历史事件的史诗,在以诗写史的题材选择上,是对建安诗歌精神的直接继承。在风格与情调上,明朗刚健,充满志在靖难的壮怀之音,与建安诗歌也是一脉相承的。女诗人苏蕙流传有回文诗《璇玑图》。苏蕙,字若兰,秦州刺史窦滔之妻。窦滔因忤旨被罚谪戍敦煌,苏蕙随夫西行。后窦滔镇守襄阳,移情女子赵阳台。苏蕙在敦煌苦等两年,悲愤不已,意欲感化其夫,遂用五彩丝线在八寸见方的锦帕上织就一幅八百余言的回文诗。苏蕙派人送至襄阳,窦滔读后,感其妙绝,悔恨交加,立即把赵阳台送至关中老家,亲备车马,用隆重的礼节把苏蕙从秦州接到襄阳。两人恩爱如初,白头偕老。《璇玑图》原计840字，正中央之"心"字为后人所加，总计841字。纵横各29字，纵、横、斜、交互、正、反读或退一字、迭一字读均可成诗，诗有三、四、五、六、七言不等，甚是绝妙，广为流传。

此外还有马岌《酒泉南山石壁诗》、宗钦《东宫侍臣箴》、胡叟《示程伯达诗》、宋钦《赠高允诗》和段成根《赠李宝诗》，以及张湛与崔浩的酬唱诗等。

（二）赋文层出不穷

五凉时期的赋文，内容注重政治功用，大多抒发情志。前凉张骏有《山海经图赞》，索绥有《六夷颂》，张斌有《葡萄酒赋》。张重华的《上疏请伐秦》有匡扶旧土的决心，辞藻"清英流韵"，并带有骈文的色彩，增添了文章的感染力。宋纤《上疏辞张祚》"臣受生方外，心慕太古"等句，表达了作者超越生命和对自由的向往。后凉段业曾写《龟兹宫赋》，虽已遗失，但估计其中既有称颂吕光平定西域的武功，也应有对西域龟兹国宫殿的夸赞之词。此外，段业还有《九叹》《七讽》等文。南凉秃发归写的《高昌殿赋》，"援笔即成，影不移漏"，带有浓郁的建安色彩。南凉、后秦时宗敞为给后秦任命的凉州刺史王尚辩护，写了一篇骈文，全篇以双句为主，讲究对仗的工整和声律的铿锵，如"刺史王尚受任垂灭之州，策成难全之际，轻身率下，躬俭节用，劳逸丰约，与众同之，劝课农桑，时无废业。然后振王威以扫不庭，回天波以荡氛秽。则群逆冰摧，不俟硃阳之曜；若秋霜陨箨，岂待劲风之威。何定远之足高，营平之独美！"文采艳丽，一气呵成。西凉刘彦明有《酒泉颂》，歌颂李暠劝课农桑，百姓连年丰收。名儒刘昞写有《靖恭堂铭》《酒泉颂》等。李暠有《述志赋》，全赋洋洋千言，咏史抒情交替，时叙时吟，感情时而激越，时而低沉，斟词酌句，排比工整。如"思留侯之神遇，振高浪以荡秽；想孔明于草庐，运玄筹之罔滞。洪操桀而慷慨，起三军以激锐。咏群豪之高轨，嘉关张之飘杰，誓报曹而归刘，何义勇之超出！据断桥而横矛，亦雄姿之壮发"等，表现了李暠作为西凉统治者的独特情怀以及作为文学家的超常艺术能力。此外，李暠还写有《槐树赋》《大酒容赋》《靖恭堂颂》《诫子书》《上东晋朝廷表》等。

（三）民歌内容丰富

五凉时期的民歌以谣谚为主，感情苍凉悲壮，与北歌相同。后凉时期流传的《朔马谣》为其代表作："朔马心何悲，念旧中心劳。燕雀何徘徊，意欲还故巢。"表达了河西各族人民对吕光民族压迫政策的不满和被徙离家园后的悲愤心情。张骏时期的《凤凰鸣》、沮渠牧犍时期的《破带石》等民歌作品，内容皆与政治有关。

四、佛教文化

十六国时期是我国佛教形成和发展的重要时期，河西走廊是中原与西域交通的必经之地，当时西域的安息、康居、龟兹、于阗等地，佛教已广泛流行，而西域诸国与五凉政权的关系又十分密切，因此佛教的传播从内容到形式更直接受到地域的影响。再加上五凉统治者大多崇信佛教，东来西往的佛教僧侣汇聚河西，驻锡停留，译经宣教，名僧辈出，成就斐然。

（一）高僧云集河西

《魏书·释老志》载："凉州自张轨后，世信佛教"。张骏时在西域设置高昌郡，这对前凉佛教的传播，起了重要的促进作用。大云寺是武威最早的佛教寺院之一。《西夏碑》记载："阿育寺及姑洗塔自周至前凉，千有余载，中间兴废。张轨称制□凉，治建宫室，适应遗址"。到张天锡时，"宫中数多灵瑞。天锡异其事，时有人谓天锡曰：昔阿育王奉佛舍利起塔，遍世界中，今之宫乃塔之故地之一也。"天锡遂舍其宫为寺，就其地建塔。后凉时期，鸠摩罗什在凉州寓居17年，弟子众多。西凉李暠曾经派法泉和尚作为信使出使东晋。北凉沮渠蒙逊请高僧昙无谶在凉州主持大规模的译经活动。可见，从前凉至北凉，五凉时期的佛教不断发展。河西还有不少僧侣前往西域求取佛经，中原和江南也有许多僧人经河西前往西域。一时之间，河西走廊的各县城僧侣云集。释慧皎《高僧传》收录魏晋时期高僧257人，其中出生在河西的有36人。另外，又列五凉时期在河西地区传播佛教的客籍高僧50人，如竺法护、佛图澄、鸠摩罗什、昙无谶、师贤、释惠高等名僧是其中的代表人物。

（二）译经成就显著

前凉时期，译经得到官方的高度重视和支持，成就显著。

张天锡组织凉州僧人净明等在宏藏寺抄写佛经，并组织了《首楞严》等佛经的翻译。前凉《法句经卷》末尾用朱笔题有"升平十二年沙弥净明，咸安三年十月廿日沙弥净明诵习法句起"的字样，为最早的凉州佛经写本，是国内藏品中最早的佛教写本，堪称国内古卷之首。

晋太元三年（378年），道安在长安城整理佛经，发现一批译于凉州的佛经翻译写本。但译人缺失，无法考定汉文佛籍所做的编目。道安便将这批凉州所译经本整理为59部共79卷，命名为《凉土异经录》。《凉土异经录》收集前凉乃至西晋末期佚名翻译家在凉州译出的大量佛经，是佛教史上现存最早的较为全面的"凉土异经"目录，为研究五凉时期佛教翻译具有较为重要的史料价值。

北凉译经之风盛行，沮渠牧犍聘西域沙门浮陀跋摩于内苑闲豫堂翻译佛经。北凉译经数量记载不一，最具权威的是《开元释教录》的记载："北凉沮渠氏，初都张掖，后徙姑臧（今武威）。自蒙逊永安元年（401年）辛丑，至茂虔永和七年（439年）己卯……并新旧集失译诸经，总八十二部，合三百一十一卷。"可见北凉译经的规模和数量是相当大的。

（三）著名译经高僧

五凉时期翻译佛经的高僧众多，著名的有鸠摩罗什、竺佛念、昙无谶等，其译经规模宏大，影响深远，对于推动佛教在中国的传播和发展做出了巨大的贡献。

鸠摩罗什（344—413年），祖籍天竺，出生于西域龟兹国（今新疆库车）。博闻强识，佛学造诣极深。鸠摩罗什在河西期间，学习了汉语，为他以后翻译佛经奠定了基础。他提倡回归翻译本质，主张用解释法进行翻译，其译文能"存其本旨""义皆圆通"，开创了佛典汉译的新纪元。所译《金刚经》《维摩诘经》《法华经》等非常流行，具有"天然西域之语趣"。同时代佛学家、鸠摩罗什弟子僧肇称其师译经"法鼓重震于阎浮，梵轮再传于天北"。汤用彤赞其"法筵之盛，今古罕匹"。与玄奘、不空、真谛并称中国佛教四大翻译家，位列四家之首。

竺佛念，生卒年不详，凉州人。20岁在凉州出家，通晓西域多种语言，学识渊博，精于佛典奥义，对汉地传统儒道典籍亦博览通读。前秦建元十七年（381年）抵长安翻译佛经，与西域高僧"传译"佛经数量众多，包揽"经""律""论"三藏，涉及大小二乘。此后独自接续译出《菩萨璎珞》《十住断结》《胎经》《中阴经》等。在苻姚二秦时代译经成果较为卓著，《高僧传》誉其为"译人之宗"。

昙无谶（385—433年），天竺人，十岁学经，后至敦煌，译有《菩萨戒本》等经。北凉玄始十年（421年），沮渠蒙逊迎请昙无谶至姑臧，主持大规模译经活动。所译《方等大集经》《悲华经》《方等大云经》《优婆塞戒经》等11部共112卷，其中《金光明经》《佛本行经》广为流行，对后世大乘佛教产生重要影响。特别是《大般涅槃经》译出后，在我国佛学史上形成了以研习弘传《大般涅槃经》而得名的涅槃学派，后来发展为大乘"涅槃宗"。汤用彤称其为"译经巨子"。

（四）石窟造像

石窟艺术源于印度，随佛教东传，经西域传入河西，到达凉州已经华风明显。北凉沮渠蒙逊时期，在凉州南山开凿石窟，以天梯山石窟为代表的"凉州模式"诸多石窟，先后在河西地区开凿传播，影响了中原石窟艺术风格，成为石窟艺术神圣的殿堂。

1986年，宿白在《考古学报》发表《凉州石窟遗迹和"凉州模式"》，提出了"凉州模式"。他综合武威天梯山石窟第1窟、第4窟，酒泉、敦煌、吐鲁番所出的北凉石塔和肃南金塔寺、酒泉文殊山前山石窟等考古资料基础上，认为在新疆以东地区存在一种早期佛教造像模式。1994年，宿白亲临天梯山石窟考察，确认了天梯山石窟创立了"凉州模式"。"凉州模式"的提出，使得河西石窟早期石窟的样式特征更为突出，为研究"云冈模式"中文化因素的来源提供了典范，并且奠定了基础，同时为之后"平城模式""龙门模式"等不同地区造像模式概念提供了先例。

"凉州模式"内容大体包括以下五项：

一是有设置大像的佛殿窟，较多的是方形或长方形平面的塔庙窟。塔庙窟内的中心塔柱，每层上宽下窄，有的方形塔庙窟还设有前室，如酒泉文殊山前山千佛洞。二是主要佛像有释迦、交脚菩萨装的弥勒。其次有佛装弥勒、思维菩萨和酒泉文殊山前山千佛洞出现的成组的十佛（十方佛）、阿弥陀三尊。以上诸像，除成组的十佛为立像外，皆是坐佛。三是窟壁主要画千佛。酒泉文殊山前山千佛洞中现说法图，左壁说法图的主像是阿弥陀三尊；壁下部出现了供养人行列。四是边饰花纹有两方连续式的化生忍冬。五是佛和菩萨的面相浑圆，眼多细长，深目高鼻，身躯健壮；菩萨、飞天姿态多样，造型生动，飞天形体较大。

敦煌石窟以及中原佛教石窟和"凉州模式"关系密切。据唐《李克让重修莫高窟佛龛碑》载，敦煌石窟（莫高窟）的开凿最早始于前凉升平十年（366年），有高僧乐尊在鸣沙山东麓开凿了一个洞窟，在此驻锡讲经。北凉沮渠蒙逊组织僧人工匠大力开凿天梯山石窟，而后陆续在境内马蹄寺、文殊山、敦煌开凿石窟，这些石窟皆具"凉州模式"。以上诸窟中天梯山石窟是皇家石窟，规模最大。北魏灭北凉后，以天梯山石窟为代表的"凉州模式"深刻影响了中原石窟的营建风格。直至 7 世纪时，受中原石窟的"反传"影响，莫高窟才形成规模，始有"千佛洞"之称。可见，中原佛教石窟艺术以及敦煌石窟的身上，闪耀着五凉文化的光芒。

（五）石塔艺术

北凉石塔发现于酒泉、敦煌、武威和新疆吐鲁番地区，据统计，现在存世的北凉石塔共 14 座。分别是武威石塔、敦煌□吉德石塔、酒泉马德惠石塔、酒泉高善穆石塔、酒泉田弘石塔、酒泉白双石塔、敦煌索阿后石塔、酒泉程段儿石塔、酒泉残段塔、敦煌沙山石塔、敦煌王□坚石塔、敦煌岷州庙塔、吐鲁番宋庆石塔、吐鲁番小石塔。

北凉石塔体现出佛教初传中国时的雕刻模式、审美观念与宗教内涵，部分石塔刻有八卦符号，表明了早期佛教依附和借助中国本土宗教进行传播的特点，在中国艺术史和宗教史上具有极为重要研究价值。陈怡安在《北凉石塔》一文中指出，"十四座北凉石塔造型大多相同，以二重八面形塔基和覆钵形塔身构成。第一层塔基作八角形，每面阴刻身着印度式服饰的供养人物，人物的上端雕有中国传统文化的八卦图样"，"酒泉出土的高善穆石塔的宝盖顶上还雕有北斗七星的图案。"这就充分说明"北凉石塔以佛教的图像、经典为表现主体，却以汉人传统易学、道学的概念构筑而成，显示出中印文化交流时会通的明证。"安忠义在《简论北凉石塔》一文中指出："那时的民众普遍将神佛等同起来，将神仙、佛陀和黄老并为一谈，一起供奉祭祀的事实。"殷光明对北凉石塔在佛教文化与中国传统文化的融合认识上更为深刻，在《北凉石塔论述》中指出，北凉石塔反映了北凉时期末法思想盛行，表明北凉佛教是以我国传统的易经八卦学说来解释佛教末法思想的，这对于研究佛教的中国化是极有意义的。佛教传播经西域、河西乃至中原，就必须依附和借助中国传统文化进行传布。当时兴起的易学和崇尚老庄的玄学思潮，又为佛教的传播创造了条件。因此，北凉石塔上雕刻的一些八卦、北斗七星图案，实质上就是将佛教教义形象化，是当时佛教与中国传统文化交流融合的产物。所以，有学者称"北凉石塔是我国早期佛教艺术中将佛教和中国传统文化高度、完美结合的艺术佳品"。

五、绘画艺术

五凉时期，河西地区的绘画艺术达到较高水平，北凉石窟壁画及魏晋墓葬壁画砖等珍贵的文物资料为我们展示了丰富多彩的绘画艺术成就。天梯山石窟北凉时期菩萨壁画、敦煌早期三窟壁画、河西魏晋墓壁画和丁家闸五号墓壁画反映出中原文化和西域文化交流融合的特征。

天梯山石窟第1、4、18窟发现的北凉时期菩萨壁画像，说明了天梯山石窟确为北凉沮渠蒙逊所开凿的凉州石窟，进一步证实了凉州石窟和印度、西域以及其他有关早期石窟一脉相承，对研究我国早期石窟的源流和渊源关系有非常重要的意义。第1窟北凉供养菩萨壁画色彩朴实厚重，是在磨光草泥上用朱砂敷底，后用墨线勾勒的画法，使人物形象、技法都具有印度、西域早期石窟和汉风相融合的特点。第4窟北凉立式菩萨壁画明显受到西域画风的影响，但描绘身体轮廓及衣褶的铁线描又有传统艺术的风骨，充分显示了北凉佛教的艺术特色。

莫高窟开凿于前秦建元二年（366年），正处于前凉时期。在敦煌现存洞窟中，西凉和北凉石窟7个，

彩绘菩萨像壁画

尤其以第268窟、第272窟和第275窟为最早。第272窟和第275窟为北凉时期的石窟。壁画表现的题材主要有佛、菩萨、天人、飞天、天宫伎乐、佛传故事、本生故事、供养人、装饰图案等。最为引人注目的是绘于第275窟南北两壁中层的两组故事画，反映出浓重的西域风格。壁画中的人物多着西域式衣冠，世俗妇女服装则多为龟兹式。人体画法用浓重色块晕染凹部，以再现起伏变化之态，体现绘画史上的"天竺遗法"特点，真实地反映了西域雕塑艺术对河西雕塑的影响。部分供养人像着汉族衣冠，并采用中国传统的素面描线的画法。

20世纪80年代以来，在张掖高台、酒泉、嘉峪关和敦煌等地发现多座魏晋十六国时期墓葬，道教及民间宗教色彩较浓，保留了大量的砖画、木版画、壁画等作品，被誉为"世界最大的地下画廊"。绘画内容题材多样、内容丰富，特别是出土了大量反映当时社会生活的坞堡楼院、歌舞宴筵、车马行旅、品茗清谈、六博游戏、圣贤故事等方面内容，这些珍贵的历史画面，真实地反映了当时文化纷呈、思想解放、个性张扬的社会风尚，是研究魏晋十六国时期河西地区政治、经济和审美文化情趣的形象资料，也为研究当时人们的生产生活实态提供了最为直接的图像资料。绘画风格质朴、写实、勾勒细腻，线条和透视关系都十分清晰分明。在着色用彩上，突破了汉代红黑白、粉白相间的色彩搭配模式，基本具备了绘画"六法"要求，与南朝绘画在艺术要素上大体相同，说明五凉时代，河西与江南在绘画技法上互有影响。例如酒泉市肃州区丁家闸魏晋墓葬壁画，采用整壁分层作画，从顶到四壁完全连贯，顶部正中绘复瓣莲花，以下以赭石色带分割成五层分栏作画，分绘天庭、人间、地下三重境界，把天国世界与现实生活的场景融为一体，是佛教文化与本土道家思想融合的壁画作品。

魏晋时期中原地区留存的绘画资料极为罕见，河西走廊壁画墓的发现，填补了中国美术史的空白，为学界研究魏晋墓画作提供了不可多得的实物史料。

第四节 西夏文化

西夏是我国历史上以党项羌族为主体建立于西北地区的一个少数民族政权。北宋景佑三年(1036年)7月,西夏完全占领河西走廊。西夏倚仗河西走廊独特的地理环境,有效阻隔了吐蕃、回鹘等势力对西夏东进中原的掣肘。河西走廊宜农宜牧的优良自然条件也为西夏提供了马匹、粮草等重要的战略物资和生产生活所需,使其能够与宋、辽、金等长期对峙。故而,凉州成为西夏重要的政治、军事、经济、文化中心,地位仅次于西夏首都兴庆府,是"西夏辅郡"。《西夏碑》载:"大夏开基,淹有西土,凉为辅郡,亦已百载",明确了凉州自西夏建国以来"辅郡"的政治地位,也反映出这一时期凉州经济、文化和佛教的繁荣发展。一百八十多年的西夏历史形成了具有独特民族特色的西夏文化,是构成多元一体格局的中华文明不可或缺的重要组成部分。作为"西夏辅郡"的凉州在西夏社会发展进程,乃至对后来蒙元王朝对西藏的管理等都产生过重要的影响。

一、崇尚儒学

西夏统治阶级非常重视对中原儒学文化的吸收,用西夏文字翻译儒家经典,培养和教育弟子;推行庙学制度,提倡尊奉孔子;开科取士,选拔人才。《续资治通鉴长编》载:"自契丹侵取燕蓟以北,拓跋自得灵夏以西,其间所生豪英,皆为其用。得中国(指中原)土地,役中国人力,称中国位号,仿中国官属,任中国贤才,读中国书籍,用中国车服,行中国法令,是二敌(指辽、西夏)所为,皆与中国等。"

(一)翻译印行儒家经典

西夏建国初期,李元昊为了发展民族文化,命大臣野利仁荣仿汉字创制西夏文字。西夏文字形似汉字,但又是独立于汉字之外的一种全新的方块字,是西夏民族文化统一和发展的体现。文字创制成后,李元昊即尊为国字,在西夏境内大力推行。凡西夏的官方艺文诰谍,与他国之间的往来表奏,皆以国字为重。武威发现的西夏文蒙学课本,以及民间的买卖、借贷契约等文献表明,西夏文字在民间也广泛普及使用。

《三才杂字》是我国古代镇村私塾中常见的蒙学课本,西夏也仿照此体例,编写了汉文和西夏文的《三才杂字》,作为儿童识字课本使用。西夏人编写的《三才杂字》以天、地、人分三章,每章分若干部,每一部又包括若干词,一词四字。内容包括日月、星宿、山川、河海、飞禽、野兽、族姓、人名、屋舍、器皿等。该书在黑水城遗址、敦煌和武威都有发现,除了有多种刻本,还有多种写本,说明当时流行较广。武威发现的西夏文《三才杂字》,内容描述了一个孩童从出生到养育、学习、成长的过程,用四言诗体来叙述,如"父母智慧,选择师傅,使学诸艺。因有智福,立便升官,欢喜踊跃"等,文字精练流畅,大多数都能对仗工整,既朗朗上口,也有较高的文学水平。

(二)积极推行庙学制度

庙学制度是汉族传统教育的特点,在学校中建设圣庙,庙学一体,教化学子的同时,举行学礼祭拜至圣先师孔子,养成学子尊师重教的品行。我国自唐朝追谥孔子为文宣王,后代沿袭封谥。西夏虽是少数民族政权,其尊崇孔子之风气不亚于其他政权,西夏仁孝皇帝把儒学先师孔子尊奉为文宣帝,下令"州郡悉立庙祀,殿庭宏敞,并如帝制"。

保存至今的武威文庙,是西夏在凉州设立郡学和推行庙学制度、尊奉孔子的实物遗迹。从元代虞集《西夏相斡公画像赞》记载可知,西夏时期的凉州庙学,规模较大,元代尚保存殿及庑。不过西夏庙学中,除了沿袭汉制尊奉孔子等先师、先圣之像,还在廊庑中悬挂斡道冲等西夏大儒和贤达的画像陪祀孔子,这一点有别于汉族的做法,因是西夏为了追求民族特色,突出国家的独立性而作的改良和创新。

（三）科举取士选拔人才

我国历史上的科举制度从隋朝开始，到唐、宋逐步发展和完备。西夏从仁孝皇帝开始，效仿中原科举制度，立唱名法，设童子科，开科取士，选拔官吏。

西夏吏部尚书权鼎雄是凉州人，西夏天庆七年（1200年）中进士，以文学名授翰林学士，负责为皇帝起草诏书，备顾问。权鼎雄才气很高，刚正不阿，襄宗篡位后，他弃官不做，隐居青岩山，以示对抗。神宗遵顼继位后，他奉召担任左枢密使之职，掌管全国军事机密和边防。在出使金国期间，金国接伴官轻视西夏使者，不按礼仪规矩办事，他据理力争，最终让金人心服口服，改变了对他的态度，维护了西夏的尊严和利益。升任吏部尚书后，他掌管全国官吏任免、考课、升降、调动以及朝廷中的礼仪、祭祀、宴享、学校等事务。这一时期，正是西夏战乱频繁、即将亡国的前夕，但他在乱局中始终能够坚持原则，注重整顿吏治，使官民都"无敢干以私者"，按照标准选用人才，成为神宗时期的一代名臣。

出仕元代且有史可据的西夏人物共有370多人，其中祖籍河西地区的就有60人之多，出自凉州的高智耀是功绩和声名较为显赫的一位。

高智耀出身于一个汉化已久的西夏官宦家庭，他的曾祖高逸就曾是西夏科举状元，担任过西夏大都督府尹。祖父高良惠，官至西夏右丞相。他是西夏灭亡前一年的进士，自身具备很高的汉文化修养。西夏灭亡后，他隐居贺兰山中。元太宗窝阔台闻其博学多识，打算委以重任，他提出"请用儒士，蠲免其徭役"的建议，未被采纳，于是他谢绝任用回到故里。元初，汉人和汉族文化不被重视，科举长期废止，儒士社会地位低下。蒙古西凉王阔端镇守西夏故地凉州，征用境内儒生为驱户，强迫他们去服劳役。高智耀听到后很痛心，他专程来到西凉府求见阔端，请求他按照西夏国的旧例，免除儒生们的徭役。阔端听从了他的请求。宪宗蒙哥继位后，高智耀再次建议免除全国儒生的徭役，认为"自古有国家者，用之则治，不用则否，养成其材，将以资其用也。宜蠲免徭役以教育之。"蒙哥很高兴，答曰："善，前此未有以告朕者。"元世祖忽必烈早就对高智耀的才学有所闻，继位后马上召见并赞同其重视儒生的主张，任命高智耀为专门管理全国儒户的官员，负责免役儒户的管理；又授他为翰林学士，负责督促检查全国儒户的甄别工作。高智耀不辞辛劳巡行全国各地，释放沦为"驱口"的儒生三四千人，并向忽必烈解释说："士，犹如黄金，金的成色有浅有深，不能因为成色浅就说它不是黄金也。金色有浅深，谓之非金不可；才艺有深浅，谓之非士亦不可。"

西夏儒士在蒙元时期受到优待，并被选任为官吏，高智耀功不可没。《重建高文忠公祠记》碑中记载："是时（忽必烈）军旅未息，西北之儒多在俘虏中，公请于朝，皆遣为良民，或先以钱得之者，官出钱以赎，遣使检阅，得儒者数千人。"高智耀还奏请，在元朝廷设立御史台监察机关，以便朝廷及时掌握、监督、管理各地官员。高智耀崇尚儒学，不畏强权，勇敢践行，为元朝保护了大批可用人才。他的儿子高睿、孙子高纳麟、曾孙高安安，都具有较高的文化素养，是元朝颇有作为、受到器重的党项族官员，为民族文化的融合发展做出了积极的贡献。

西夏对文化教育的重视，对后来的元朝社会文化发展产生了直接的影响。陈登原《国史旧闻》写道："西夏人才，初虽有资于宋，其后亦卓然有所自见，并启迪金源，蒙汉文化混合，西夏与有力焉。"

二、佛教兴盛

在西夏历代统治者的大力推崇和扶持下，凉州佛教得到进一步发展，这一时期藏传佛教兴盛，佛教文化遗存丰富。

（一）翻译印施佛经

西夏在发展佛教方面最突出的成就是大量翻译和刊印西夏文佛经。建国初，李元昊便开始组织翻译《大藏经》，到李乾顺时期，仅五十多年时间就译出三千五百多卷。汉文《大藏经》，从梵文翻译成汉文，用了将近一千年的时间，才译成六千多卷。西夏翻译佛经的速度，在世界译经史上都是一个惊人的创举。西夏文《大藏经》是我国第一部系统翻译的少数民族文字的《大藏经》，是中国佛教典籍中的宝贵财富。

考古发现最多、最完整的西夏文佛经，是1909年俄国探险家科兹洛夫在我国的黑水城遗址发现的，约三百多种，近两千卷。武威亥母洞石窟、天梯山石窟、张义镇小西沟等西夏佛教遗址中，也发现了四百多页西夏文佛经残页，内容包括《金刚经》《妙法莲华经》《大方广佛华严经》《金光明最胜王经》《佛说观弥勒菩萨上升兜率天经》《维摩诘所说经》等三十多部。

直接把藏文佛经翻译成西夏文佛经是西夏佛经翻译的另一个重大成就。唐末五代时期，吐蕃统治凉州近百年，吐蕃人信仰的藏传佛教深深植根于

西夏文《维摩诘所说经》下卷

凉州。在党项、吐蕃相互间密切的经济文化往来中,藏传佛教对西夏也产生了很大影响。武威发现的西夏文佛经中,有不少是译自藏文的佛经,如天梯山石窟发现的西夏文佛经《胜观自在大悲心总持功德依经录》《佛母大孔雀明王经》《德王圣妙吉祥增智慧觉之总持》《圣胜慧到彼岸功德宝集偈》等。武威发现的有些西夏文佛经内容较为独特,目前还没有找到可以对勘的文本,但其内容具有浓厚的藏传佛教色彩,如《大千守护经中说五种守护吉祥颂》等。

西夏人自编的佛教文献,在武威也发现不少。《密咒圆因往生集》是西夏僧人智广等编集的一部诸经神验密咒总集,这是存世的汉文《大藏经》中唯一一部由西夏僧人编集的佛经。武威发现的西夏文佛经残页《十二因缘咒》和《阿弥陀佛心咒》就是其中的内容。《五更转》是西夏人仿照中原汉族流行的曲子词的形式,创作的宣扬藏传佛教教义的佛教作品。《志公大师十二时歌注解》也是西夏人对中原高僧作品的解读和阐释。

武威西夏遗址中还发现了少量藏文佛经,这是藏传佛教在西夏境内传播过程中留下的又一种稀有而珍贵的佛教文献。

西夏统治者除了翻译、刊印佛经,还经常作佛教法会,散施佛经。在凉州就曾有过两次规模盛大的佛事活动:

第一次是在天祐民安五年(1094年)崇宗李乾顺时期,在重修凉州护国寺和感通塔的工程竣工后,皇帝和皇太后大作法会,剃度僧人、赏赐钱物、散施佛经、赦免死罪,并刻碑纪传。第二次是乾祐二十四年(1193年),仁宗李仁孝去世三七之日,西经略使在凉州组织大法会进行超度,法会共持续了七天七夜,参与活动的有高僧、官员以及在家、出家信徒等三千多人,僧人诵读番、汉、西番三藏经各一遍,然后救贫、放生。此次法会还专门雕印了西夏文和汉文的《拔济苦难陀罗尼经》二千余卷进行散施。

(二)重视礼遇高僧

因西夏统治者大力提倡佛教,僧人的社会地位也得到了提高,他们不仅有很高的政治地位,还享有很多的特权。西夏的国师,地位与朝廷中的中书、枢密职位相等,属于上等品位。他们精通佛法,懂得两种以上的语言文字,能够翻译和校勘佛经。西夏前期,封设帝师之前,国师的社会地位最高。传世的西夏译经图中,国师常常居坐高位讲译佛经,西夏皇帝和皇太后则分坐两旁听法。

相传,资料所见的西夏国师有10多位,武威发现的西夏文文献中,有两位国师的名字。一位是西夏高僧周慧海,他是仁宗时期的一位汉族僧人,曾担任西夏在家功德司副使,获得显密法师的称号,后升任国师。在西夏佛经翻译史上,周慧海是一位举足轻重的人物,他精通梵文、汉文、藏文、西夏文等多种语言文字,负责把佛经翻译成西夏文的工作。周慧海对西夏佛教的贡献主要表现在佛经的翻译上,他翻译的佛经很多,现存的、参与翻译并有明确题记的佛经,有《圣观自在大悲心总持功能依经集》《胜相顶尊总持功能依经录》《圣胜慧到彼岸功德宝集偈》《如来一切之百字要论》《注华严法界观门深》等。

武威发现的一份1224年的西夏文典糜契约文书中提到一位瓦国师,他是西夏末期的佛教僧人,驻锡在武威亥母寺传法。这一时期的西夏内忧外患,百姓生活困苦,只能靠向寺院僧人借高利贷度日。契约记载的正是瓦国师向百姓放高利贷的内容。

西夏的法师和禅师具有较高的佛学知识,通晓并善于讲解佛法,致力于修行传法,对西夏佛教传播做出过巨大贡献。另外,一些具有较高文化素养和熟练运用文字的僧人,还参与过西夏辞书和诗集的抄写工作,为西夏文化发展做出了一定贡献。

（三）兴修寺院佛塔

西夏时期在各地大规模新建和重修的佛教寺院和塔刹众多，以至明代诗人李梦阳感叹到"云锁空山夏寺多"。凉州境内的佛教寺院，城内有大云寺、罗什寺、海藏寺，远郊有亥母洞石窟及寺、天梯山石窟及广善寺、圣容寺、瑞像寺、崇圣寺等。这些寺院，除了亥母洞石窟及寺是西夏新建，其余大多都是前代所建，西夏都一一加以修葺使用。正如《西夏碑》记述："近自畿甸，远及荒要，山林溪谷，村落坊聚，佛宇遗址，只椽片瓦，但仿佛有存者，无不必葺"。大云寺是武威年代最早的佛教寺院，前凉时重建后称宏藏寺，唐代改为大云寺，西夏又称护国寺，是西夏的皇家寺院。西夏天祐民安三年（1092年），凉州大地震，护国寺及寺内的感通宝塔被震倾斜。崇信佛教的崇宗皇帝李乾顺和皇太后诏令维修，竣工后举行盛大的佛事活动庆赞，并刻碑纪传，所刻碑即举世闻名的西夏文和汉文合璧的"凉州重修护国寺感通塔碑"。乾祐七年（1176年），仁宗皇帝李仁孝御驾西行，亲临甘州（今甘肃甘州区），途经凉州，曾拜谒凉州大云寺金塔（即感通塔）。

西夏碑是现存最完整、内容最丰富、价值最大的西夏碑刻。碑中内容涉及西夏的语言文字、政治经济、军事历史、宗教文化、社会生活等多方面的内容。西夏碑的西夏文、汉文碑文，分别由西夏著名的书法家浑嵬名遇和张政思书写，西夏文篆书碑额"敕感通宝塔之碑铭"，是保存最完整的八个西夏文篆字。西夏碑正面的1800多个西夏文字，与背面的汉文虽然不是逐字逐句的对译，但是大部分都能找到相对应的汉文释义。借助西夏碑，研究者释读出存世的西夏文钱币、确定西夏文碑刻、翻译西夏文文献等。在没有任何西夏文和汉文对照资料的情况下，西夏文、汉文合璧的西夏碑成为当时人们解读西夏文献、探索研究西夏历史的"活字典"，学术界称它是"打开研究西夏学大门的一把金钥匙"。

三、科技发达

（一）金属冶炼

宋朝是我国历史上科学技术和发明创新高度发展的时代，许多重大发明如火药、活字印刷、指南针等，都产生于这个时代。陈寅恪先生曾评价："华夏民族之文化，历数千载之演进，造极于赵宋之世。"宋朝初期，我国已经拥有世界上最先进的火药配方和火器，火箭、火炮、蒺藜火球等十多种火器，是当时最先进的军事武器。

西夏历代统治者，重视发展军备，立国期间就积极吸收和借鉴宋朝先进的金属冶炼技术和武器制造技术，其军事武器装备不低于宋朝水平。宋沈括《梦溪笔谈》记载了不少西夏有名的兵器，如射程远、穿透力强、威力巨大的"神臂弓"；又如锋利无比，在当时闻名遐迩，号称天下第一剑的"夏国剑"等。武威西夏窖藏中发现的三件金碗，纯度很高，打磨光滑。碗底心和碗的口沿上，用錾刻的技法，分别刻出团花牡丹图案和缠枝花卉图案，线条纤细流畅，制作工艺精湛，说明西夏工匠已掌握了制模、浇铸、抛光、錾刻等高超的金属冶炼技术和铸造工艺。安西榆林窟的西夏壁画"锻铁图"中，锻铁工匠正在使用的双扇竖式木风箱，鼓风量比普通风箱更大，能提高炉火温度，是当时最为先进的鼓风设备，为西夏的金属冶炼和武器制造提供了保障。

西夏的火器制造技术也很熟练，已经达到了宋朝的技术水平。武威曾发现多枚西夏瓷蒺藜火球，蒺藜周身布满了逆刺，顶端有孔，中间空心，可以装置火药和引火线，爆炸后达到的杀伤力非常大。《宋史·夏国传》记载，西夏"有炮手二百人，号'泼喜'，陡立旋风炮于橐驼鞍，纵石如拳"。意思就是西夏的炮兵部队叫"泼喜"，负责旋风炮的发射，旋风炮安放在骆驼鞍子上，以石头为子弹，移动发射。这样的设计，集中了骑兵和炮兵的优势，使用、转移都非常灵活。

在西夏故地银川和武威，都发现了西夏铜火炮。1980年5月，在武威一座西夏窖藏中发现的铜火炮，是现存年代最早、体量最大的金属管型火器，也是当时最先进的武器装备。铜火炮长100厘米，重108.5公斤，由前膛、药室和尾銎三部分组成，药室上面有小孔，可以放置引火线，尾銎两侧有对称的方孔，用来安装铁栓，连接支架。武威西夏铜火炮的发现标志着世界战争已经向火器时代过渡，具有重要历史意义。

（二）印刷技术

在我国印刷史上，雕版印刷始于隋朝而成熟于唐代，至宋代出现了第一个高峰。宋太祖开宝年间，成功雕印中国早期印刷史上最大的一部书籍《开宝藏》。宋朝先进的印刷技术，很快被西夏借鉴使用，大量翻译印刷儒家经典和佛教典籍。宁夏宏佛塔中发现的2000多块西夏文木雕版，是世界上现存年代最早、数量最多的木雕版。内蒙古黑水城遗址、宁夏、甘肃敦煌和武威等地，发现大量西夏文印本文献。这些考古发现都是西夏雕版印刷高度繁荣的例证。

雕版印刷术的发明和发展，极大地促进了教育的发展、文化和科学技术的传播。随着社会需求的扩大，它的缺陷也暴露出来。一部书籍的内容要全部雕刻在大小相同，表面平整的木板上，才能印刷。一块木板，刻错一个字，整块板子就要报废，费时费力费木料，而书籍印刷完以后，保存雕版要占空间，要防虫蛀防潮湿等，极为不便。这时候，活字印刷应运而生。北宋毕昇发明的泥活字印刷，在泥质的字模上刻字，按照书籍内容，拣字、排版、印刷。刻好的字模，可以重复使用，省时省料、方便快捷，最适合印制大宗书籍，是当时世界上最先进的印刷方法。

毕昇发明活字印刷技术后，迅速被西夏借鉴使用，印施西夏文佛经和儒家经典。1985年，在武威亥母洞洞窟中发现了西夏唐卡、西夏文文献等文物上百件，其中泥活字印本的西夏文佛经《维摩诘所说经》是最重要的发现。西夏文泥活字印本佛经《维摩诘所说经》，共54面，6400多个西夏文字，有完整的卷首，卷首经题为《维摩诘所说经下集》，最为独特的是，经题后有西夏仁宗皇帝的尊号题款"奉天显道耀武宣文神谋睿智制义去邪惇睦懿恭"，题款是雕版印刷而成。西夏统治者崇信佛教，皇帝和皇太后经常参与翻译、校勘和印施佛经，这些佛经往往会刻上他们的尊号题款。仁宗皇帝在位时期，西夏印刷事业最为发达，他校勘印施的佛经最多，他的尊号长达20个字，都是对他的溢美之词。刻工们为了省时省力，把他的尊号雕刻在一块长版子上，作为一组活字，在每一部佛经中都能灵活使用。这是西夏文献上所独有的，是西夏人对活字印刷技术的改良和创新。在使用泥活字印刷的过程中，西夏人又在此基础上开始使用木活字印刷书籍。1991年，在宁夏贺兰山拜寺沟方塔中发现的西夏文木活字印本佛经《吉祥遍至口合本续》，是世界上最早的木活字印刷实物。

西夏广泛使用汉族传统的雕版技术印刷西夏文书籍，又借鉴使用和改良泥活字印刷技术，创制木活字印刷技术，保存和发展了中原优秀传统文化和技艺，这是党项族在中华民族印刷史上做出的重要贡献。在浩如烟海的汉文典籍中，至今没有发现宋代的汉文活字印本，但武威发现的西夏文泥活字印本《维摩诘所说经》，是世界上最早的泥活字印刷实物，填补了中国和世界印刷史上的空白，使我们得以了解古代活字印刷技术产生、发展、演变的历史。

（三）瓷器制造

西夏瓷器制造业起步晚，但发展速度较快。宁夏灵武窑和武威塔儿湾窑，是国内仅存的两座西夏瓷窑遗址。从遗址中发现的大量西夏瓷器来看，西夏瓷器在烧制技术、器物造型、装饰技法等方面，都借鉴和吸收了中原北方各个窑系瓷器的特点，同时又以粗犷豪放的大体量、简洁明快的装饰、极富民族特色的器型等特点，与中原瓷器形成了鲜明的对比，凸显出独特的民族文化内涵。

　　武威塔儿湾西夏瓷窑遗址，位于武威城南35公里的古城镇。遗址东西长500米，南北宽260米，遗址中清理出较为完整的、可修复的西夏瓷器160多件，反映出武威西夏瓷器制作的规模和工艺特点。塔儿湾窑发现的西夏瓷器以生活用具为主，器型多种多样，如碗、盘、碟、杯、罐、瓶、釜、钵、瓮、壶、炉、钩、纺轮等，几乎囊括了日常生活中使用的基本用具。不同类型的器物，又因为大小、釉色、装饰技法的差别而各不相同，使得器型更加丰富多样。窑址中发现的瓷扁壶，是仅见于西夏瓷窑中的一种器型，反映了党项族以游牧为主的生活习俗。扁壶腹部扁圆，肩部有两耳或四耳，便于穿绳提拿或游牧骑射时马上携带。塔儿湾瓷器多见体形硕大、高度在50厘米以上的罐、瓮和碗，这样的大体量瓷器，在国内发现的西夏瓷器中非常罕见，这是武威西夏瓷器与众不同的地方，真实地反映出居住在西北地区的凉州西夏居民粗犷豪放、乡土气息浓郁的生活状态。

　　西夏瓷器最具特色的地方是以剔刻花为特色的装饰技法。塔儿湾窑址中发现的剔刻花瓷器，体量大，构图丰富别致，剔刻技法简单粗放，画风追求意境。四系褐釉牡丹纹瓷瓮，采用开光技法构图，在器物的腹部，用剔地法剔刻出对称的花瓣形开光和牡丹花纹饰，剔釉后的白地衬托出褐色釉的牡丹花；肩部刮釉后形成的一圈宽带纹，既可以做搭烧的连接处，又成为一种辅助装饰，色彩对比强烈，纹饰凹

褐釉缠枝番莲纹剔花瓷罐

凸有致，立体感更强。四系黑釉牡丹纹瓷罐，腹部一圈剔釉，只留下缠枝牡丹纹饰，黑色釉的花瓣和枝叶自然舒展，在白色地纹的衬托下，主次分明。白底黑彩彩绘装饰是河北磁州窑的瓷器艺术特点，它把制瓷工艺和传统书画艺术两者结合在一起，题材是老百姓喜闻乐见的花卉、飞鸟，生动亲切，黑白色彩对比强烈。塔儿湾西夏瓷器承袭了这一工艺特点，形成了武威西夏瓷器的独特风格。六系白釉飞鸟纹大瓷瓮，以白色釉为底色，腹部绘饰一圈褐色的飞鸟和祥云，肩部绘饰一圈莲花作为辅助纹饰。绘画技法简练朴拙，但是自然随意，民间生活气息浓郁。白地褐釉西番莲纹大瓷罐，黄白釉为地，腹部绘饰一圈褐色缠枝西番莲纹饰，硕大的花朵凸显在瓷罐腹部凸起的地方，格外的醒目夸张。白底褐彩小瓷瓶，以白色釉为地，通体绘饰褐色草叶纹和双弦纹，画面简洁疏朗，清新随意自然。西夏人将西夏文题写在瓷器上，使得塔儿湾西夏瓷器更具特色。党项人崇尚白色，这一特点也体现在瓷器制造上。塔儿湾瓷器釉色丰富，以白釉瓷器为多，且白色釉均施化妆土，这是因为西夏境内瓷土质量欠佳，瓷器胎色多呈现灰白色或浅黄色。为了克服这一缺陷，西夏白釉瓷均在瓷胎上先施化妆土，再施釉，这种方法也成为西夏白釉瓷独特的装饰技法。

　　两宋时期是我国瓷器生产的繁盛期，制瓷业空前发展，制瓷名窑迭出，瓷器品类繁多。西夏瓷器制造深受中原影响，制作工艺与中原一脉相承。为了体现民族特色，在器型、装饰等表现手法上又富于创新。武威塔儿湾瓷器从实用性出发，进行生产和创新。比如多种造型和体量的酒具，其中底部有流孔的大件酿酒瓮最具特色。粗放的瓷器制作工艺，贴近老百姓生活的装饰图案等特征，使瓷器富于浓郁的民间生活气息，既实用又表达了人们的情感和追求。

四、风俗独特

西夏党项在以游牧为生的阶段,一直沿袭着"男女并衣裘褐,仍披大毡"的传统。李元昊效仿中原汉族,建立了严格的服饰制度,借以区分等级贵贱。西夏《天盛律令》明确规定,皇帝专用的衣服颜色、纹饰、贵重饰物等其他人不得使用。法典还规定了官、民服装的样式和颜色,规定文官"幞头、靴、笏,紫衣、绯衣",武职"冠金帖起云镂冠,银帖间金镂冠,黑漆冠,衣紫旋襴,金涂银束带",便服则"紫皂地绣盘毯子花旋襴,束带"。无官职的庶民只能穿青、绿色的衣服。目前能够反映西夏党项人发式服饰的图像资料,有敦煌莫高窟和安西榆林窟的西夏壁画,还有内蒙古黑水城遗址和宁夏、武威等地发现的西夏绢画。武威发现的西夏木版画,是作为陪葬器物出现在西夏墓葬中,有替代墓葬壁画的作用。西夏木版画上的人物形象很丰富,有戴幞头、穿长衫的文官,有穿铠甲手持宝剑的武士,有牵马奔跑的驭马人。秃发的男侍从,梳着高髻的女侍从,手里捧着各种物品,有水壶、盆、浴巾、衣服、奁盒、唾壶等,全是沐浴之物,表现的是墓主人生前生活的场景。另外有代表太阳的三足乌、双首龙、金鸡等动物内容,以及寓意鲜明的"蒿里老人",表明墓主人祈愿死后升天的愿望。

武威西夏木版画表现的多是处于西夏社会底层的普通老百姓,内容也反映了真实的西夏社会生活,也是目前发现的形式独特、反映西夏发式服饰的独一无二的图像资料。题名为"蒿里老人"的正面人像,是着便装的西夏文官形象:头戴黑色尖顶高冠,内穿圆领衫,外穿宽松的交领长衫,腰间系黑色束带,脚穿黑靴,手持竹杖,与宋代文官服饰相似。另一幅表现的是侧立的文官形象,红色面庞,戴黑色幞头,脑后垂带;内穿白色圆领衫,外穿灰蓝色交领宽袖长衫,腰间束带,拱手站立。

木版画中表现的西夏武士,均头戴贴红边白色毡盔,盔顶有红结绶,身穿红色宽袖战袍,肩披掩膊,身着重甲,红色束腰,垂䩞鞴,脚穿云头

五男侍图木版画

靴,双手或执宝剑、或抱拳胸前。红色面庞,威武刚健。西夏武士的冠帽,以及腰间的蹀躞,显示出浓厚的党项民族的特点。蹀躞是一种功能性的腰带,上面悬挂短刀、解锥、弓矢等物品。《宋史·夏国传》《辽史·西夏》等都记载了西夏武士这种独特的冠帽和配饰。武威西夏墓葬中发现的铜制的剔指、挖耳勺等配饰和简单粗犷的镶绿松石金耳环,也证实和补充了文献的记载。

"牵马图"木板画中的西夏男子,无论发式还是服饰,最具少数民族风格,头顶秃发,鬓角头发剪短向两边飞翘,余发辫扎垂在肩上。身穿绿色交领长衫,束黑色腰带,脚穿白色长筒毡靴。左手牵马,右手执鞭,表现的是牵马奔走的状态。"五男侍"木版画,表现的是地位较低的男侍从形象:五个男子立姿,秃发,穿圆领或交领长衫;有的背负长剑,有的背着包袱,有的怀中抱着大盘,有的双手举着痰盂,有的肩上搭着毛巾,双手抱拳。

受回鹘传统风俗的影响，西夏女子无论贫富贵贱，都流行梳高发髻。元代马祖常《河西歌》："贺兰山下河西地，女郎十八梳高髻，茜根染衣光如霞，却召瞿昙做夫婿"，反映了西夏女子常见的发饰。莫高窟和榆林窟壁画中，常见西夏贵族女供养人，她们的高发髻上常见莲花形、桃形等冠，冠上有金珠装饰，冠后插花钗，显得格外华丽、高贵。武威出土西夏木版画中表现的是身份低下的"侍女"，她们也梳高发髻，只是发髻上极少装饰。她们穿着交领窄袖长衫，腰下开衩，内穿长裙，腰间束带。这种装束，与宋代女子穿着打扮相似，显然是受到中原汉族的影响。

1977年，在凉州西郊林场（今西郊公园）的一座西夏单室砖墓中发现了木缘塔、木版画等文物。木缘塔造型奇特，制作精致，是西夏墓葬中第一次发现且保存完整。塔通高76厘米，分塔座、塔身、塔顶和塔刹四部分，呈四级八角形，饰红色。塔身用长34厘米、宽12.5厘米、厚2厘米的8块木板合成，涂蓝色底，上书黄色梵文咒语和汉字，且以梵文为主。早期党项族人受佛教影响较深，死后多实行火葬。从宋初李继迁开始，不再用火葬，而改为土葬，起陵作墓。这种葬俗反映了汉化以后的西夏人明显受佛教影响和西夏人"笃信机鬼，尚诅咒"的风俗，表现了西夏民族的葬俗特色，也是西夏大力推崇佛教的见证，为研究西夏的葬俗制度提供了极为珍贵的实物资料。

第二章 多元：丝路重镇上的文化辉煌

大凡有影响力的地域文化，一般具备两大特征：一是文化覆蔽范围具有相对固定且比较广阔的地域空间，二是在漫长的历史积淀过程中形成别具特色的文化品格，且对后世历史发展产生重大影响和作用。与齐鲁、关中、巴蜀等地域文化一样，凉州文化也具备以上特征。

凉州从三国魏文帝时期就形成了相对固定的区域。当时，凉州辖九郡两校尉，其疆域包括甘肃全境及宁夏之中卫、中宁等地、青海湖以东河湟流域、内蒙古额济纳旗全境、新疆南疆大部地区等。史载，凉州"南逾河湟，东至秦陇，西包葱岭，北暨居延"。在明代以前，凉州基本保持着相对固定的区域。在千百年来的政权嬗变与朝代更替中，这一地区形成了文化地理学中具有区域性、人文性和系统性特征的地域文化，学界称其为"凉州文化"。凉州文化按照文化形态分类，大致有天马文化、屯垦文化、葡萄酒文化、乐舞文化、西夏文化、佛教文化、长城文化、方志文化等，是在中国文化史上有着广泛内涵与独特意义的一种地域文化，是源远流长、博大精深的中华优秀传统文化的重要组成部分，共同构成中华民族的宝贵财富。

第一节　天马文化

天马文化是指以国宝级文物铜奔马为标志的凉州马文化系统。西汉以前，凉州一直是游牧民族匈奴的驻牧地。汉武帝爱马、好马以及实行"马政"，对凉州马文化的产生、发展起到了积极的促进作用。武威出土的铜奔马亦是汉代马文化的极致体现。凉州马文化表现形式丰富多样，出土文物中马的表现形式也最多，除铜奔马外，还有木雕马、唐三彩马等。西夏攻取凉州后，在武威建立了西夏最大的官营马场。武威发现的许多西夏遗址和文物中都有马的影子。如杂木寺摩崖石刻中的马、莲花山岩画中的马、永昌花大门石刻中的马、西夏碑碑座中的天马、塔尔湾出土的白瓷马头、西郊西夏墓中的牵马木版画等。雷台景区的铜车马俑广场和马文化展示墙更是全面展示凉州马文化的标志景观。

一、汉武帝与《天马歌》

关于天马的记载，最早见于《史记》："大宛国有高山，其上有马，不可得，因取五色母马置其下，与交，生驹汗血，因号曰天马子。"大宛国把得到的宝马隐藏在贰师城引种驯养。这种马不仅可以日行千里夜行八百，并且其肩部和颈部汗腺发达，出汗时往往先潮后湿，对于枣红色或栗色毛的马，出汗后局部颜色会显得更加鲜艳，给人以"流血"的错觉，故名汗血宝马。

古大宛国，主要位于乌兹别克斯坦、塔吉克斯坦和吉尔吉斯斯坦三国交界地区的费尔干纳盆地。据考，大宛国贰师城就是今土库曼斯坦阿斯哈巴特城（一说在今吉尔吉斯西南部马尔哈马特）。当时西汉王朝与匈奴作战，战马对战局的影响巨大。自先秦起，中原马在速度、冲击力和耐力等方面，都全面落后于北方的草原马。"马者，甲兵之本，国之大用"。战马的劣势，也是中原屡屡遭受游牧民族袭扰而束手无策的重要原因。太初元年（前104年），汉武帝派遣壮士车令等持千金及金马前往大宛国求马。然大宛不仅不肯，反令其东边郁成国攻杀汉使，劫掠了财物。汉武帝大怒，遂命李广利为贰师将军，发属国六千骑，及郡国恶少年数万人讨伐大宛。第一次讨伐由于准备不足，缺乏粮草，人员伤亡惨重。李广利引兵退至敦煌，所率士卒剩下不过十分之一二。李广利的惨败并没有影响汉武帝求天马的决心。随后，武帝征发囚徒、恶少年、边骑，以及天下七科（吏有罪一，亡命二，赘三，贾人四，故有市籍五，父母有市籍六，大父母有籍七）六万人至敦煌，令李广利再次征伐大宛。这一战物资准备充分，随军有"牛十万，马三万余匹，驴骡橐他以万数"。由于这次兵多将广，所到之处，沿路小国害怕，纷纷出迎接济汉军。汉军长驱直入至仑头国，仑头国拒绝迎献粮草，汉军攻数日而下，屠城泄愤。大汉兵锋直指大宛，大宛一些贵族见势不妙，联合起来杀掉国王毋寡，并献出良马数十匹，中等以下公母马3000匹。太初四年（前101年）春，李广利率军凯旋，经过长途跋涉，到达玉门关时仅余汗血马1000多匹。求马之征才告一段落。

此前汉武帝得到乌孙马，赐名曰"天马"。大宛汗血马更加健壮，他便更名乌孙马曰"西极"，名大宛马曰"天马"。汉武帝得到汗血宝马，非常高兴，先后作了《西极天马之歌》《蒲梢天马歌》。经过汉武帝的推崇，天马的故事逐渐在中原大地流传开来。

汗血马从西域进入中原，因凉州地处汉朝河西前线，且水草丰美，遂成为繁衍天马的重要场所之一。《汉书·地理志》记载："地广民稀，水草以畜牧，故凉州之畜天下饶。"

二、凉州大马，横行天下

古代作战方式主要有步战、车战和骑战等，其中的车战和骑战都离不开马。在冷兵器时代，交战双方拥有马匹的数量，往往是代表军力和决定胜负的一个关键。

西晋永嘉二年（308年）四月，王弥包围洛阳，京师告急。凉州刺史张轨派北宫纯、张纂、马鲂、阴浚等将，率领凉州铁骑驰援京师，大败拥有数万骑兵的王弥，被洛阳百姓传为美谈，街头巷尾遍唱："凉州大马，横行天下。凉州鸲鹆，寇贼消；鸲鹆翩翩，怖杀人。"这首诗记载于《晋书·张轨传》，被明朝学者冯惟讷冠以"凉州大马歌"，收录于《诗纪》，反映了古代凉州的强大的骑兵力量和勇猛无比的凉州军士。

汉魏时期，凉州是朝廷重要的牧养官马的地方。据有关史料推算，公元前112年左右，凉州境内至少有6000多名官家奴婢专门牧马，马匹存栏数量约在5万匹。这些马匹大多是经西域马种改良本地原马后的新生马种，当地军方专门挑选、培训其中体格雄健、能走侧步的马匹充当军用坐骑。这些军马一经训练，行走如飞，而且因走对侧步而无颠簸之感，耐力持久。凉州马一跃成为当时中国北方最好的军马。

由于凉州军人兼有胡人能搏善射和中原骑兵谙熟阵型变化的优点，他们博采众长，研究运用新兵器，创新骑兵作战阵法。《后汉书》记载了汉代凉州名将段颎创造的一种新颖的集团作战阵法："令军中张镞利刃，长矛三重，挟以强弩；列轻骑为左右翼。"这种阵法，分左、中、右三部分，中间部分有三层长矛，长矛下方列三层弩队，用来正面拦截敌军。一旦交战，两翼轻骑突出，迂回包围，敌军往往就遭覆灭之难。此外，凉州骑兵还较早装备了鞍、蹬等当时先进的骑战术工具和轻便的皮马铠，凉州铁骑对敌时总屡战屡胜，创造了许多以弱胜强、以少胜多的战例，各类史书上均有详细记载。如32年，凉州牧窦融率"步骑数万"，策应光武帝讨伐秦州军阀隗嚣，一战而定陇右。72年，窦固、耿忠引凉州大马万余匹，西出居延，击败呼延王，"斩首千余级"。160年，凉州人段颎率万余铁骑，与西羌军发生遭遇战，段颎率军大战，西羌兵溃逃，段颎率部大破叛军，"杀其渠帅，斩首三千余级"。

凉州骑兵最辉煌，使其名扬天下的战役当数发生在308年的那场洛阳保卫战。是年4月，西晋首都洛阳告急。匈奴汉王刘渊的大将王弥一路攻克青州、许昌，兵锋直指洛阳。西晋王朝檄文火速西传，几日后信使抵达凉州。凉州刺史张轨紧急点兵，派都护北宫纯等率凉州铁骑驰援京师。凉州铁骑绝尘东进，在王弥把洛阳合围猛攻，京城摇摇欲坠的危急关头，及时赶到了洛阳城外。4月19日，北宫纯挑选100多名凉州勇士，催铁骑，舞长矛，直扑在津阳门外的匈奴大营。凉州铁骑往来冲突，犹入无人之境，王弥被凉州铁骑的英勇无敌吓得失魂落魄，打马就逃，数万骑兵纷纷逃避。凉州军人仅用百骑就解开洛阳铁桶般的重围。不久，北宫纯率领凉州骑兵，在黄河东岸，与匈奴大将刘聪展开骑兵集团作战，刘聪大败。

三、马踏飞燕

说到关于马的文物，最出名的，恐怕要算是武威出土的铜奔马。50多年来，学术界从历史学、考古学、美学、宗教学、铸造学、畜牧学等多种学科视野对铜奔马进行了研究，取得了丰硕成果。

1969年，当地农民在雷台开挖地道时发现了一座古墓，后经专家鉴定，是一处东汉晚期的大型砖石墓葬。墓室顶端呈拱形，由序列整齐的砖块堆砌而成，砖石之间未用任何粘剂，全靠力学的作用相互支撑。墓葬由墓道、墓门、甬道、墓室等部分组成，其中墓道长19.34米，墓室分前、中、后三室及配以左右耳室三处。墓室顶端有一个已经封堵的盗墓洞，但幸运的是，虽经盗掘，墓葬中依然出土了金、银、铜、铁、玉、骨、石、陶器等文物231件，古钱币近3万枚，铜车马仪仗俑99件。其中有一件铜奔马艺术价值最高，高34.5厘米，长45厘米，宽10.1厘米，重7.15公斤，马呈飞奔状，三足腾空，昂首扬尾，右后足下踏一飞鸟，巧妙利用力学原理使其平衡，铸造技巧精湛，堪称青铜艺术极品，现珍存于甘肃省博物馆。

（一）铜奔马遇上"伯乐"

1971年9月中下旬，郭沫若陪同柬埔寨王国民族团结政府宾努首相率领的政府代表团，访问中国西北地区。9月17日中午，代表团乘专机从乌鲁木齐飞抵兰州。尽管在兰州的日程安排很紧，郭沫若还是提出要抽时间参观甘肃省博物馆收藏的文物。9月19日中午的外事活动结束后，郭沫若

第二章 多元：丝路重镇上的文化辉煌

铜奔马

在当地领导陪同下来到甘肃省博物馆。

当郭沫若站在雷台出土的这组铜车马队伍面前时，一下子就被吸引住了。他对那件铜奔马作品赞叹不已，向在场的同志们说："我到过很多国家，看到过很多马的雕像和骑士骑在马上的雕像，那些雕像最古的也只有几百年，从未见过超过一千年的。而我们的祖先，却在将近两千年前就制造出这样生动绝妙的器物，无论从艺术构思的巧妙、工艺技术水平的高超，还是从结构力学角度来说，都达到了前所未有的水平，是我们民族的骄傲。"

坊间多有传闻，是郭沫若将铜奔马命名为"马踏飞燕"。然而，这一细节在其秘书王廷芳的记述中并没有提及。据甘肃省博物馆初世宾回忆：这批文物在省博物馆初步整理期间，王毅正在省博物馆等候分派工作，他曾亲耳听到王毅将铜奔马称作"马踏飞燕"，这一时期他发表的文章也都称铜奔马为"马踏飞燕"。郭沫若来访时，铜奔马陈列在西一楼北厅进方厅假墙拐角的突出位置。负责布置展览的初世宾叫徐乐尧专写一较大卡片，墨书"马踏飞燕"四字，放置于一白色方形展台上，十分醒目。虽然郭沫若没有命名"马踏飞燕"，但是他肯定了这一名称，也是不争的事实。"郭老对铜奔马赞不绝口，说回京要邀请'马踏飞燕'等甘肃文物参加全国'文革'出土文物展。在故宫武英殿，他曾对全国'文革'出土文物展筹展同志夸赞'甘肃马踏飞燕来了要压倒一切！'"

1971年12月，一批修复后的文物补充到《文化大革命期间出土文物展览》中，引起强烈反响。特别是那匹铜奔马，成了最耀眼的明星，吸引了成千上万中外观众驻足观看。很多外国政要访问中国期间，也慕名或被安排前来参观。美国总统尼克松和夫人、日本首相田中角荣、苏联边界谈判代表团等，都在故宫目睹了铜奔马的英姿和风采。

铜奔马在故宫展览时，使用的名称是"马踏飞燕"。其实，铜奔马送北京之前，初世宾就通过观察发现，"马踏飞燕"虽形象生动，叫起来也朗朗上口，但欠准确、科学，该马后蹄所踏之鸟，尾不分叉，明显是鹰隼一类。于是，由初世宾做主，在送京档案名称栏中将"马踏飞燕"改作"铜奔马"。自北京展览时起，文物界开始使用"铜奔马"名称，当然，"马踏飞燕"更能迎合普通观众的口味。展览期间，有些国家正式提出，希望在他们的国家举办中国出土文物展。中国政府同意了。经过一段时间的联系和准备，决定首先在法国举办"文革"以来第一个"中华人民共和国出土文物展览"。1973年2月，法、英两国同时派代表团到北京商谈文物展出的安排问题。商谈进行得相当顺利。当得知我方提出的展出目录中不包括铜奔马时，两个代表团的反应十分强烈，一再要求能包括这件珍品。在大使馆的斡旋之下，中国政府决定同意将铜奔马送往法英两国展出。

2月22日晚上,郭沫若在人民大会堂会见了法国和英国两个谈判代表团。当郭沫若宣布中国政府的决定时,会见厅内一片欢腾,所有的客人都热烈鼓掌。继法国、英国之后,铜奔马又到罗马尼亚、奥地利、南斯拉夫、瑞典、墨西哥、加拿大、美国等国展出,观众累计达500万人次。观者如云,好评如潮,真是"四海盛赞铜奔马"!凡有铜奔马参加的文物外展,都以它作为海报和宣传画的主图案。铜奔马成为当之无愧的"外交使者",在那个特殊年代,与乒乓球一起,为推动国际交流做出了重要贡献。

1983年,铜奔马侧面剪影被确定为中国旅游图形标志。1996年,铜奔马被国家文物局组织的专家委员会鉴定确认为国家一级甲等文物(国宝)。2002年,铜奔马被国家文物局列入《首批禁止出国(境)展览文物目录》。

(二)铜奔马的文化类型

中国旅游标志 1983年10月,铜奔马图形被国家旅游局确定为中国旅游标志,《旅游报》公布的名称是"天马",《人民日报》公布名称为"马超龙雀"。

中国旅游协会原常务副会长佟华龄说:"当时我们在选择这个方案的时候,觉得它的意义可能比长城和熊猫更好一些。因为铜奔马是代表奔腾的、发展的中国旅游业。这是一个。第二个就是,它有着中国悠久的历史文化,它是一个文物。所以,最后选中了铜奔马。"《旅游报》题为《天马被定为中国旅游图形标志》的文章称:天马的意义还在于鼓励旅游者"寄游兴于天马,纵情参观游览"。

1998年,第一批中国优秀旅游城市(共54个)名单产生。国家旅游局向这些城市颁发了奖杯,奖杯由铭牌基座、长城烽火台、浮雕地球、铜奔马四部分构成。如今,在我国几百个优秀旅游城市的中心地段,几乎都可以看到由奖杯按比例放大做成的雕塑。

商标 中国商标网显示，截止到2022年5月，国家知识产权局商标局共受理"马踏飞燕"商标申请72件，"马超龙雀"商标申请23件，"铜奔马"商标申请26件。另外，受理包含"天马"字段的商标申请2185件，包含"铜马"字段的商标申请58件。这些商标中既有文字标识，也有图形标识，涵盖的商品和服务五花八门。以"马踏飞燕"商标为例。最早申请注册"马踏飞燕"商标的是中国旅游声像出版社，申请日期为1985年8月1日，注册公告日期为1986年5月30日。甘肃省最早申请人是甘肃莫高实业发展股份有限公司，申请日期为2002年1月18日，注册公告日期为2003年3月7日。武威市第一家成功注册"马踏飞燕"商标的是武威市环宇商贸有限责任公司，申请日期为2012年9月17日，注册公告日期为2014年2月28日。

中国旅游标志图形由国家旅游局发布，但是长期以来，国家旅游局相关部门并未对其进行商标注册，致使这一标志被滥用，有的企业还进行了抢注。国家旅游局信息中心于2006年6月29日向国家工商行政管理总局商标局提交了《关于请对中国旅游标志图形"马踏飞燕"进行法律保护的函》。2006年8月25日，国家工商行政管理总局商标局（今国家知识产权局商标局）的复函中指出，"自即日起，其他任何人将该标志或标志相似的图形作为商标申请注册，我局将予以驳回；对未经授权使用的，你局可请求地方工商行政管理部门予以制止，但是，你局对'马踏飞燕'享有的权利，不得影响此前申请或已注册商标的使用。"

邮票 1973年11月20日发行的《文化大革命期间出土文物》编号邮票第六枚图案为浅棕色衬底上的铜奔马侧视图。这是铜奔马首次成为我国邮票设计元素。1992年4月17日发行的《'92中国友好观光年》纪念邮资明信片邮资主图为深棕色衬底上的白色铜奔马侧面剪影。明信片上还印有吉祥物"阿福"。1997年1月1日发行的《中国旅游年》纪念邮票图案为长城上空腾飞的彩色铜奔马侧面剪影。2002年1月10日发行的普通邮资明信片邮资图为铜奔马侧视图，上下辅以祥云。2012年8月1日发行的《丝绸之路》特种邮票第三枚"大漠雄关"近景配图为铜奔马侧视图。2013年5月19日，第三个"中国旅游日"到来之际，中国邮政发行个性化服务专用邮票，主票图案为铜奔马侧视图。

国外发行的铜奔马邮票目前所见有两种：一种是联合国1996年发行的纪念联合国协会世界联合会成立50周年邮票，图案为浅棕色衬底上的灰白色铜奔马右侧像。另一种是保加利亚2014年发行的纪念保中建交65周年小型张邮票，图案为铜奔马侧视图，小型张印有保加利亚岩刻艺术作品"马达尔骑士"以及中、保两国国旗。

宣传语 2018年6月2日，"天马行空 自在武威"被确定为武威市文化旅游形象主题宣传口号。旅游文化资源富集的凉州区文化旅游形象主题宣传口号着力呈现的也是"天马"符号："天马故乡 醉美凉州"。

（三）萦绕在铜奔马身上的迷雾

研究铜奔马主人问题，或雷台1号墓墓主人问题，墓葬断代是关键。以往提出的"张江说""张奂说""张绣说"等等，都是基于雷台1号墓为汉墓的基本判断。

单继刚《武威雷台汉墓》一文从铭文、墓制和钱币等方面分析，认为1号墓应是东汉灵帝中平三年至献帝期间（186—219年）下葬的。在此基础上，又根据龟钮将军银印、随葬品丰富与豪华程度、棺木痕迹等因素，推测此墓应为比二千石的将军夫妻合葬墓。再从陶碗刻文"张家奴字益宗"判断，墓主人应姓张。并推定因此，雷台1号墓为东汉"张某将军"夫妻合葬墓。后来的许多研究把铜马刻文作为断定墓主人的根据，实际上是错误的。《武威雷台汉墓》一文亦未作此主张。首先，刻文中提到的人与入葬人无关。"守左骑千人张掖长张君""守张掖长张君"实为一人，儿子是"守张

铜车马仪仗俑队

掖长张君郎君阿那"、两位夫人分别是"守张掖长张君前夫人""守张掖长张君后夫人"。他们四人组成了一个家庭。"冀张君""冀张君夫人"则组成另外一个家庭。两个家庭、六人,显然不存在合葬的可能性,与棺木数也不符合(棺木只有两具)。刻有铭文的铜车马及附属御奴、从婢等,应为墓主人下属或亲属赙赠的随葬物。其次,也是更重要的,此墓的营建规模及其众多的随葬陈设,绝非相当于县级的三四百石的官吏所能拥有。

1992年8月9日,《中国文物报》刊登了何双全写的《武威雷台汉墓年代商榷》,文章根据墓葬结构、形制、随葬品特征,提出了河西地区区分汉墓、晋墓和前凉墓的一般断代标准，继而认为：雷台墓规模、结构、形制都与晋墓一脉相承，"甚至那些细微处也不例外，如仿木建筑照墙、藻井图案墓顶、用砖、筑墓法、室内装饰，随葬品中的陶器、铜叉、铜削、琥珀珠等与敦煌辛店台晋墓出土者基本相同。又如铜俑、铜马、铜独角兽、木牛。"

北京大学吴荣曾从古钱学角度得出了和何双全类似的结论。《"五朱"和汉晋墓葬断代》一文指出："值得注意的是，墓中出有小型的五朱，直径为1.6厘米。五朱出现于三国早期。如直径在1.5厘米左右的，其年代似更晚一些。这种钱在魏晋的窖藏钱币中很常见。出于墓葬者也不少，如西安田王晋墓中曾有出土，据简报墓的年代约为元康。敦煌祁家湾321号墓也出这种小五朱，墓的年代为晋惠帝泰熙元年。上述两墓的年代都在290年左右。同样出小五朱的雷台墓，其年代也应靠近西晋为合适。"这个证据可谓"铁证"。小五朱是东汉以后出现的货币，雷台1号墓中存在小五朱，因此，此墓绝非汉墓。

1985年，学者提出假设：从东汉末直至西晋永宁初，在凉州州郡任过职的要员中，没有地位非常显赫的"张姓高级官吏"，没有人能配得上这座"王者之墓"，故应跳出这个范围另外寻找墓主人。如果雷台墓和前凉张氏有什么联系的话，它很可能是前凉第四世张骏之墓。当时，在断代问题上尚未形成突破，所以"张骏说"还只是一个猜想。虽然辛敏、何双全、吴荣曾提供的证据可以互相印证，形成了证据链。但是，仍然缺乏直接证据。包含墓主人姓名的墓志或记载随葬品清单的木（简）牍文牒始终未出现。在间接证据方面，仍需要继续借助其他考古发现，如对于东岳台、灵均台的发掘，以及对于雷台墓葬的进一步发掘，比较参鉴，以证实或证伪张骏的墓主人身份。

（四）铜奔马的命名问题

1972 年出版的《文化大革命期间出土文物》一书收录了署名甘叔勃的文章《雷台东汉墓出土的成组铜车马》，文中使用了"马踏飞燕"名称。但研究者们早就注意到，马踏之鸟尾端齐平不分叉，不符合燕子尾部特征。另外，鸟的形体明显比燕子要大。比较来看，鹰隼之类的可能性更高。

1983 年 10 月 25 日，《旅游报》发表了《天马被定为中国旅游图形标志》的消息，称"天马的图形标志是根据一九六九年在甘肃武威出土的一件东汉青铜雕塑设计的。该青铜雕塑原称铜奔马，又称马踏飞燕。后经考证，该马所踏的并非燕子，而是古代传说中的龙雀（即风神），而马也非凡马而是神马，故正名为天马。"《人民日报》于 1983 年 12 月 5 日发表《"马超龙雀"被定为我国旅游图形标志》的消息，称"武威出土的马超龙雀，原称马踏飞燕。后经考证，所谓飞燕并非燕子，而是古代传说中的龙雀，而马亦非凡马，而是神马，即天马。早在汉代张衡的《东京赋》中，就有'龙雀'和'天马'的说法。马超龙雀是东汉时期的一件青铜瑰宝。"

这两篇报道关于"天马"和"马超龙雀"的描述，反映了兰州大学牛龙菲的研究成果。牛龙菲把铜奔马铸像视为已被董卓熔毁的东汉平乐观"飞廉并铜马"的"副本"，并根据张衡《东京赋》中"龙雀蟠蜿，天马半汉"的记载，解释了作品的含义："此武威雷台之半汉天马，不仅无须有待于'生物之以息相吹'者的自然之风，而且也不屑于与飞廉风神相提并论。它自然凌驾于天汉之半，无所待而作逍遥之游。其四蹄疾于飞廉，神威震慑龙雀。在其一蹄之下，'龙雀'——飞廉风神正处于回首惊视的一刹那之间，而同一瞬间，此半汉天马却早已超越其前。"所谓"马超龙雀"，刻画的正是"行空天马超越风神龙雀"的瞬间景象。

"马超龙雀"虽轰动一时，但终未被学术界接受，约有两个原因：一是"龙雀"形象与马踏之物形象严重不符。"龙雀"（飞廉，风神）据汉末学者注释，龙身豹尾，双翼似足，兼有龙蛇、鸟雀之形。二是"龙雀蟠蜿，天马半汉"中的"龙雀"与"天马"并无直接关系。由三国薛综及唐人李善、吕延济的注解可知，"龙雀""天马"是由西汉中央官署铸造、分属不同宫殿建筑单元，历经西汉末年战乱劫余的两件精美铜铸艺术品，表现龙雀蟠蜿蜒太空、神马遨游云汉之意，而不是同一件艺术品的两个组成部分。

"铜奔马"是文物界和学术界广泛使用的名称。这个名称虽短，但包含质地、特征、器形信息，符合文物定名规范。它的不足在于，对特征的概括不太准确。无论是"马踏飞燕""天马""马超龙雀"，还是"铜奔马""铜猎骑"，以及目前见到的几乎所有名称，讲述的都是关于速度的故事，其要义无非是通过所踏之物的速度之快反衬马的速度更快而已。就这一点来说，这些名称没有实质性的区别。无论如何争鸣，铜奔马已成武威的一个文化符号。"铜奔马"是武威深厚历史文化的缩影，以其为代表的底蕴深厚的凉州文化是历史留给武威人民的巨大精神财富。

四、"马王爷"金日䃅

中华民族是一个善于创造神话的民族。马既然是古代人民的重要生产生活工具，就不能没有庇护的马神。据传，凉州是"马王爷"故里，马王爷原型便是凉州人金日䃅（字翁叔，驻牧凉州的匈奴休屠王太子）。

元狩二年（前121年）春天，汉武帝派遣骠骑将军霍去病率领骑兵一万，自陇西出发北击匈奴，越过焉支山一千余里，切断匈奴右臂，执浑邪王子，缴获了休屠王的祭天金人。是年夏天，霍去病经居延及小月氏攻祁连山浑邪、休屠二王，使他们遭到惨重打击。同年秋，匈奴单于因浑邪王屡为汉军所破，伤亡数万，怒不可遏，欲召诛浑邪王。浑邪王便说服休屠王共同降汉。而休屠王因其部损失不大，估计单于不会杀他，后又中途反悔，浑邪王便杀了休屠王，其众四万余人降汉。汉武帝封浑邪王为列侯。金日䃅因父亲被杀，无所依归，便和母亲阏氏、弟弟今伦随浑邪王降汉，被安置在黄门署饲养马匹，时年仅14岁。

在一次宫中宴游之极，汉武帝诏令阅马助兴。当他看到一个体型魁梧、容貌威严、目不斜视的少年牵着膘肥体壮的骏马从殿上走过时，眼前一亮，就问起旁人这个牵马者的情况。当汉武帝得知金日磾为休屠王之子后，就封他为马监。之后升迁为侍中、驸马都尉、光禄大夫。金日磾追随汉武帝以后，行事稳健，不曾有过失，深得汉武帝信任喜爱。汉武帝外出就带他随侍车驾，在宫中时让他侍候身边。

金日磾的母亲教诲两个儿子有方，很有规矩，汉武帝得知后很赞许。他母亲病死后，汉武帝下诏在甘泉宫为她画像，题名"休屠王阏氏"。金日磾每次看见画像都下拜，对着画像涕泣。金日磾的两个儿子也被汉武帝所宠爱，常在皇上身边，长子被唤做"弄儿"。有一次，弄儿从后面搂住汉武帝的脖子，金日磾在殿前，看见后怒目而视。弄儿一边跑一边哭着说："爹爹发火了。"汉武帝仍对金日磾说："干吗生我弄儿的气！"后来弄儿长大恃宠而骄，行为不谨慎，在殿下与宫女戏闹，金日磾正好看见，厌恶他的淫乱，于是杀了弄儿。汉武帝得知后大怒，金日磾叩头告罪，把为什么杀弄儿的情况一一说出。汉武帝很哀伤，为弄儿掉泪，但更对金日磾从内心生起敬意。

巫蛊之祸前，马何罗与江充交好，马何罗的弟弟马通更因围剿太子时奋力作战而得到封爵。征和二年（前91年），汉武帝得知太子冤屈，心中大有悔意，就把江充宗族和朋党全部诛杀。马何罗兄弟看到同党如此遭遇，害怕被杀，于是策谋造反。金日磾发现他们神情异样，心生怀疑，暗中独自注意他们的动静，与他们一同上殿下殿。马何罗也觉察到金日磾的用意，因此按兵不动，很久没有机会动手。这时汉武帝驾临林光宫，金日磾身体不舒服便在殿内休息。马何罗与马通以及小弟马成安假传圣旨深夜外出，一起杀了使者，发兵起事。

第二天早上，汉武帝还未起床，马何罗无故从外进入。金日䃅恰时心生不安，马上进入汉武帝卧室。马何罗袖藏利刃，从东厢而上，看见金日䃅，神情大变，跑向汉武帝的卧室，不料撞到宝瑟，摔倒在地，金日䃅奋不顾身，健步上前抱住马何罗，随即高声呼喊："马何罗造反！"汉武帝从床上惊起。侍卫拔刀进门想杀马何罗，汉武帝恐怕伤到金日䃅，阻止他们不要用刀杀，一时僵持不下。金日䃅奋力揪住马何罗的脖子，把他摔到殿下，侍卫才把他捉住。当时人人都赞颂金日䃅忠诚笃敬、孝行节操。

后元二年（前87年），汉武帝病重，嘱托霍光辅佐太子刘弗陵，霍光要谦让给金日䃅。金日䃅坚定拒绝说："我是外族，那样将让匈奴轻视汉朝。"于是，他就成了霍光的助手。霍光也把女儿嫁给金日䃅的嫡子金赏作为联姻。当初，汉武帝留下遗诏，以讨伐马何罗的功劳封金日䃅为秺侯，金日䃅因为汉昭帝刘弗陵年幼，坚辞不肯接受封爵。始元元年（前86年）九月初一，金日䃅病情严重，霍光奏明汉昭帝封金日䃅为侯。九月初二，金日䃅病逝，终年49岁。汉昭帝为他举行隆重的葬礼，赐谥号为敬侯。《汉书》赞曰："金日䃅夷狄亡国，羁虏汉庭，而以笃敬寤主，忠信自著，勒功上将，传国后嗣，世名忠孝，七世内侍，何其盛也！"

第二节　屯垦文化

我国古代屯垦大约始于汉代。西汉王朝北击匈奴，西设武威郡等河西四郡，进而经营凉州及西域。由于，连年运兵，军需甚多，运粮是大问题。西汉统治者就利用凉州等河西地区广袤的土地，较好的水利条件，常年征战的军队和有丰富生产经营的农民进行屯垦以自给。自两汉到清代两千多年的时间里，大量内地人口迁向凉州，缓解了凉州地广人稀、劳动力不足的矛盾，先进的生产技术和农具得到推广，大量的荒地得到开垦，农业经济得到了发展，同时也促进了凉州与中原的经济文化交流和民族融合。

据文献记载，西汉时期移民的主要来源是内地的汉族农民，还有一些犯人和被贬谪的官吏。按其身份，可分为五类人：一是"关东下贫"，即函谷关以东的贫苦农民；二是"报怨过当"，即犯事的一些罪犯；三是"悖逆亡道"，即以下犯上的一些谋反将官；四是屯垦戍边的士兵退伍后，接家眷在此落户；五是某些少数民族迁居河西。这些人的到来，带来了中原地区先进的生产工具、生产方式，促进了凉州经济的发展。

一、西汉的凉州屯田

西汉政府向凉州及河西大量移民的同时，为充实边防力量，扩大国家所有的耕地面积，增加赋税收入，在凉州实行屯田政策。屯田是利用守边戍卒，一边垦殖，一边戍守；一方面当农民，一方面当士兵，二者相互结合的一种措施。最初，戍边是西汉农民的徭役之一，因此西汉政府便以戍卒的名义，把大批的内地农民调发凉州，让他们在屯田的名义下守边和垦田种植。同时，又招募良家子弟，并调拨刑徒等参加屯田。还调发一些已免职的官员，到凉州负责屯田事务。所有戍卒在屯戍期间，完全是以农民的身份来服徭役的，他们每年应该缴纳的赋税，还必须照常完成。在凉州屯田区内，官员们非常重视水利灌溉，大量推广和采用中原地区进步的生产工具和耕作技术。因此，农作物亩产量和中原地区相差无几。凉州屯田既巩固了边疆的安全，也维护了中西交通的畅通，加速了西北各民族的融合。随着经济发展和人口的增多，至西汉末年，凉州已成为国家重要的经济及行政区域。

河西走廊地势平坦，水草丰美，自古以来就居住着从事畜牧业兼营农业的各种民族。羌、月氏、乌孙和匈奴等游牧民族是河西早期的居民。秦汉之际，匈奴逐走月氏、乌孙，控制河西。西汉时，经过河西之战，匈奴被彻底击败，降汉匈奴被西汉政府安置在陇西（今甘肃临洮）、北地（今甘肃宁县西北)、上郡(今陕西榆林东南)、朔方(今内蒙古乌拉特前旗)、云中(今内蒙古托克托)一带,称为"五属国"。从此,"金城,河西,并南山(祁连山)至盐泽(罗布泊),空无匈奴"。

西汉的大规模移民,使河西地广人稀的局面得到了根本改变。在嘉峪关新城镇魏晋墓与酒泉果园镇丁家闸魏晋墓中的画像砖上,就有汉以及魏晋时期戍边士卒的屯垦画面,它们生动地描绘了当时屯垦的历史情景。其中一幅《屯垦图》中,士卒们持盾、矛,在武官的带领下,排队行进;紧接着就有士卒扶犁耕地的画面,充分显示出当时屯垦已经具有相当的规模。可以想见,在茫茫戈壁滩上,士卒们一边守卫边疆,一边开荒种地,修渠筑坝,把沉睡了万年的土地唤醒,使它变成了块块绿洲,他们的历史功绩不可磨灭。

二、唐代的凉州屯田

唐代全国范围的屯田,始于高祖武德时期。《新唐书·窦轨传附窦威传》记载,武德三年(620年),益州行台左仆射"始屯田松州"。又据《通鉴》卷一百九十载,武德六年(623年),并州大总管长史窦静上表:"请于太原置屯田以省馈运。"《旧唐书·河间王孝恭传》载,武德中李孝恭于荆州"开置屯田"。其后,唐朝在全国各地陆续开始屯田。

凉州及河陇地区的屯田到武则天时已具有相当的规模,至唐玄宗时更加兴盛。据《唐六典》记载,唐玄宗时河陇屯田共计348屯,其中河西屯田计98屯(缺瓜、沙数州)。唐代屯田的单位称"屯",《唐六典》记载,大者50顷,小者20顷。军屯多在边地,地广人稀,当以50顷为一屯。

唐代凉州屯田,与西汉等朝代的屯田目的略有不同。西汉在河西推行屯田主要是使劳力与土地大规模地结合起来,使荒凉的河西变成繁荣的农业生产区域,从而更有效地控制河西地区。唐代的河西屯田主要目的是满足军粮供应,但客观上却对河西农业开发等方面起了非常积极的作用。一是屯田为凉州及河西农业开发增加了大批劳力。据《新唐书·地理志》记载，天宝年间河西甘、凉、肃、瓜、沙四州合计人口为172086人。另据《旧唐书·地理志》记载，凉州以及吐谷浑部落等八州府有人口17212人，加上这部分，河西共有在册人口189298人。按《资治通鉴》卷二百一十五胡注，河西各地屯军"兵七万三千人"，据此计算，河西屯军占在编人数的26%。如果再加上民屯劳力，河西屯田为河西农业开发提供了半数左右的劳力。二是开垦了大量耕地。据《新唐书·地理志》等统计，唐代河西仅军屯就有耕地约合今50万亩左右，民屯的耕地也为数不少，只是史无记载。三是获得较好收成，促进了河西农业的繁荣。武周垂拱二年（686年），陈子昂途径河西，回京后作《上西蕃边州安危事三条》，其中写到河西屯田说，凉州仓储6万余石，甘州仓储40余万石，亩均1石。这只是"人功不备，犹有荒芜"情况下的产量。所以，陈子昂又讲："今若加兵，务穷地利，岁收三十万不为难得。"四是创造了以军养军的成功范例，获得了巨大的社会效益。凉州屯垦为巩固边防提供了雄厚的物质基础，解决了边军的粮秣，增加了政府的收入。反过来，边防得到巩固，民族关系也随之得到调整，社会安定和谐，从而为凉州屯田的发展和凉州的全面开发进一步创造了条件。

三、明代的凉州屯田

1368年，明军攻占元大都，结束了元朝在全国的统治，但退居漠北的残元势力还是很强大。为了巩固边防，明朝在全国遍设卫所，卫所有固定兵额，每卫5600人，每所1120人，全国总计329卫，总兵力170多万。在今凉州区设有凉州卫，民勤县设有镇番卫，古浪县设有古浪守御千户所。

面对如此庞大的军队，后勤供应就是很大的问题。于是，明朝统治者吸取前朝经验，设立了卫所士兵屯田的制度，规定正军三分守城，七分屯垦，卫所与屯田相结合，以屯垦自给。当时，明朝为了加强北部边疆的防务，在长城沿线设置了9个镇，其中河陇地区就占了3个镇：宁夏镇、固原镇、甘肃镇。河陇三镇处于西北边陲，驻军十七八万，由于交通不便，运输困难，供应问题就更大，屯田便显得更加重要。尤其是甘肃镇地处河西，既防御已被赶到北方但不甘心失败的蒙古族势力，又要扼制西域，还要阻隔蒙古与吐蕃的联系，地理位置和军队的作用十分重要，所以明王朝对凉州及河西一带的屯田非常重视。据《河西志》记载，明朝初年，朝廷大量从山东、山西、河南、陕西等地向河西移民屯垦。凡来者，"每人授田五十亩，又给牛只，籽种，教以种植方法。嘉靖年间，挑选头等精壮屯丁二万五千多名，分驻各地堡屯垦，每大堡设屯长一人，屯副一人，小堡只设屯长一人，平日冬操夏耕，有事则战，无事则耕。"由于实行屯田制度，使当地荒田得到了大量的开垦，使边地原来以畜牧业为主的经济过渡到以农业为主。同时，军民收获有所增加，这样又减少了军需运输之劳，减轻了人民的劳役和赋税负担。到明洪武三十一年（1398年），凉州等卫所的正军已做到了自给有余。由于边防的加强和巩固，又使内地移民与边疆各族能在经济上取长补短，生活上互相影响，安定了边疆并且使中西经济、文化交流的丝绸之路得以畅通。

四、清代的凉州屯田

清初，凉州及河西在经历一番战火的洗礼后，社会趋于稳定，农业经济缓慢发展，屯垦面积逐渐扩大。雍正时期与噶尔丹的战争中，河西驻军增加，"军事浩繁"，清廷在甘、凉、肃州募民兴屯，使河西地区屯田事业扩展到凉州镇番（今民勤县）一带。雍正十二年（1734年），凉州镇番县柳林湖、昌宁湖屯田下种都取得成功，成为河西屯田事业发展的标志。据《乾隆朝甘肃屯垦史料》载："柳林湖屯田连本年（乾隆元年，1736年）新增共一十七万五千亩"。乾隆《镇番县志》记载：雍正十二年（1734年）题准"柳林湖开垦荒地2498顷50亩"。另有柳林湖中部的青土湖（石羊河下游终闾湖的一部分），也有屯田开辟出来。乾隆《镇番县志》记载："青土湖，县东北二百里,……涝则水,草茂盛,屯户籍以刍牧,间有垦作屯田处。"清代镇番坝区绿洲的开垦范围突破明长城一线。据乾隆《镇番县志·地理志》,坝区南部向东发展,"红崖堡(镇番县西南四十公里)东边外,如乱沙窝、苦豆墩,昔属域外,近大半开垦。居民稠密,不减内地",坝区北部朝北开拓,如"六坝湖,县东北三十余里,今垦为田"。

清代在凉州的屯田具有重要意义:一是巩固了对西北边地的控制。清代前期为了平定准噶尔叛乱,节省长途转输的浩繁劳费,对凉州等地大兴屯田,满足清政府解决军队供需,后来又满足了当地驻军提供粮饷的需要,减轻了百姓负担。二是促进了凉州社会经济的发展。凉州地处内陆,气候干燥,雨量稀少,但终年积雪的祁连山,每年冰雪融水流入平川,形成许多内陆河流。当地农业凭借兴修水利灌溉渠道,引用溶化雪水。灌溉在这一地区非常特殊,清代在西北大兴屯田时期,凉州水利兴修也进入一个发展时期,水利的发展保证了屯垦事业的不断发展。屯田又促进了当地农业经济的发展,水利灌溉工程的修建,使大量荒地成为农田,农业经济的长足发展,促进了凉州的再度兴起和繁荣。

当然,大规模的不合理的屯垦也带了生态恶化。乾隆《镇番县志·地理志·田亩》载:"今飞沙流走,沃壤忽成丘墟,未经流淤压者遮蔽耕之,陆续现地者节次耕之。一经沙过,土脉生冷,培粪数万方熟。"沙患吞噬了绿洲、淹没了农田,严重影响了凉州的生态环境。

第三节 长城文化

长城是古代极为重要的军事防御边线,曾在保境安民、抵御战争方面发挥过重大作用。陈寅恪在《隋唐制度渊源略论稿》中写道:"但除文化一端外,其地域在吾国之西北隅,与西北诸外族邻接,历来不独为文化交通之孔道，亦为国防军事之要区。"可见，武威是历代中原王朝与少数民族军事争夺的前沿地带。汉、明两朝为巩固边疆统治，都曾在这里大规模修筑长城，继而形成了丰富厚重的长城文化。武威境内长城遗存很多，据统计，汉、明边墙覆盖全市一区三县，汉边墙长约376.8里，占甘肃省汉边墙3252里的11.6%，明边墙长约862.5里，为甘肃省明边墙3476.6里的24.8%。

一、汉代武威境内的塞墙

西汉初年修建长城，主要目的是对匈奴的防守。经过"文景之治"，西汉的经济得到恢复，随着国力的逐渐强盛，汉武帝对匈奴的政策也由防御转为积极进攻、主动出击。汉武帝先后三次任用卫青和霍去病率兵出击匈奴，即元朔二年（前127年）的河套以南战役、元狩二年（前121年）河西战役和元狩四年（前119年）的漠北战役。《史记·匈奴列传》记载，三次战役均取得了重大胜利，致使"匈奴远遁，而漠南王无王庭"。为保卫新开拓的疆域，汉武帝大规模地修筑长城。根据文献记载，西汉时在凉州曾修建过两次长城。

第一次是元鼎六年（前111年），由令居塞至酒泉。《史记·大宛列传》记载：元狩中，"汉始筑令居以西"。《汉书·西域传》记载："骠骑将军击破匈奴右地，降浑邪、休屠王，遂空其地，始筑令居以西。"《史记·平准书》记载："又数万人度河筑令居。"《汉书·张骞传》记载："汉始筑令居以西，初置酒泉郡，以通西北国。"《后汉书·西羌传》亦载："武帝征伐四夷，开地广境，北却匈奴，西逐诸羌，乃度河湟，筑令居塞。""令居，县名也，属金城。筑塞西至酒泉也。"令居即今永登县城，是汉代著名的关塞，为河西汉长城的起首地。为巩固河西走廊边陲的安全，汉武帝修筑了由今永登县至酒泉的长城。令居塞近800公里，把河西走廊的东、中部地区首先置于长城的保护之内。第二次是宣帝地节三年（前67年），在新置媪围、朴擐两

乌鞘岭长城

县的同时，当修筑一道塞墙。塞墙经过武威、白银之古浪、景泰两县，至于景泰县芦阳镇东黄河渡口，长约200公里。

汉代令居塞武威段大体为东南——西北走向，以墙体和壕沟（壕堑）两种形式修筑。东南由永登县富强堡村入天祝境内，沿庄浪河谷，经华藏寺、打柴沟在金强驿附近过金强河，翻越乌鞘岭，过安远镇入古浪境。从古浪磨河湾向北经黑松驿、柳家台过黄羊川河。向西过十八里堡沿古浪河向北，经马家沿、俞家暗门，在定宁北跨越泗水后进去凉州区。天祝、古浪境内汉塞以壕堑为主，其中天祝金强河两岸壕堑遗址明显，个别地段深近2米。古浪境内黑松驿附近壕堑遗址明显。凉州区境内汉塞遗迹很少见，有城壕、烽燧遗址。其中凉州区长城镇红水村东南约1.7公里的红水城遗址保存完整。今民勤境内汉塞形迹不清，但在大比例尺航空照片上，可见汉塞实迹。大体在连城、古城一带以西2—5公里处，残垣断壁时隐时现，由东北伸向西南，长 10 余公里，以古城西南一段最清晰。残垣位于西沙窝古绿洲边缘，远在明代长城之北，系汉塞遗址。另大坝镇文一古城西有一段汉塞遗址。汉代城障烽燧有红沙梁镇的三角城汉代城障遗址，昌宁镇四方墩烽燧、沙岗墩烽燧，县城东南苏武山的野鸽子墩等近 20 处。

二、明代武威境内的边墙

为抵御蒙元残余势力的进攻，明代在北方沿边地区陆续设置了九个边镇，称为九镇或九边。即辽东镇、蓟镇、宣府镇、大同镇、太原镇、榆林镇、宁夏镇、固原镇、甘肃镇。每镇辖区内都筑有边墙。明代将长城或称为边墙，或称塞垣。秦始皇修筑万里长城，一定程度上给人民群众造成深重的灾难。司马迁认为秦修长城之事是"固轻百姓力矣"，并招来灭国之灾。秦谣也悲叹曰："生男慎勿举，生女哺用脯，不见长城下，尸骸相支柱。"孟姜女哭长城的故事更是深入人心，后人在长城沿线多建姜女祠庙，以示对修长城之恨。故而明朝忌讳长城，改称为边墙。

明朝在洪武初年便开始经营凉州的军事防务，但大规模地在这一带修筑长城，则是在中后期，在汉长城的基础上增修了百余里坚固的边墙。因修筑历时上百年，故有"旧边"和"新边"之说。凉州"旧边"修筑于明朝中叶，到明正德年间（1506—1521 年）进行过修复加固，"逾庄浪至凉州"，贯通今武威三县一区，全长 657.3 里，大致与汉边相向而行，除一小段与汉塞分道外，大部分与汉塞或并行，或合拢，或叠加。凉州"旧边"东南接永登县武胜驿，在天祝县自华藏镇界碑村四组起，西北走向沿庄浪河西岸，经华藏镇岔口驿、上三里墩和下三里墩村，打柴沟镇深沟村至安门三组南，经宋家庄、安门村一组跨越乌鞘岭垭口，经安远镇南泥湾村、柳树沟村，在大泉头村一组北约 250 米的油坊台烽火台处进入古浪县，全长 111.8 里。在古浪境内北向经过磨河湾村，沿龙沟河东岸山岭到黑松驿镇王家台组下山，过黄羊川河，攀爬铁柜山，穿越黄家闇门、灰条湾、边墙岭，在定宁镇马家沿村进入平川地带，经长流村、定宁村、石家墩村、肖营村，转为西北向，经朵家梁、西湾村，越古浪河，经泗水镇贾家团庄、郑家楼、园墩子，在铧尖滩入凉州区境，全长106.5里。在凉州区内，西北走向经黄羊镇土塔村、黄羊河农场一分场、黄羊镇长丰村、黄羊河农场牧场、四分场，东北向经甘肃农垦农场、甘肃农业大学农场、皇台酒厂葡萄基地、清源镇新东村、新地村、长城镇前营村、岸门村，在月城墩转为南北走向，经新庄村、上营村、十二墩村、长城村、五墩村，穿越红水河，经九墩滩开发指挥部富民村、洪水河村，在洪水河东岸向西北延伸至民武公路进民勤县，全长116.8里。民勤县的"旧边"有两条，全长322.1里。其中一条从凉州区进入民勤县后，大致呈东北—西南弧线，经扎子沟林场、麻家湾、小西沟林场进入永昌县，长约29.4里。另一条从扎子沟3号敌台起，呈"几"字形绕民勤绿洲边缘，经重兴镇扎子沟村、杨坝村、薛百镇河东村、石羊河林场、苏武镇学粮村、五坝村、邓岔村、苏武镇龙二村、泉水村、石羊河农场大滩分场、大坝镇八一村、文二村、城西村、薛百镇张八村、治沙综合实验站、更名村、宋和村、花儿园镇的羊圈墩、马棚圈墩、牛毛墩、蔡旗镇野潴湾农场，进入永昌界，长约292.7里。

"新边"指靖远哈思堡至古浪县泗水堡西北铧尖旮旯的墙垣。这道边墙筑于万历二十七年（1599年）。史载，明隆庆初年，漠北套虏宾兔等部归顺明廷，逐渐西移松山一带驻牧，并开大小市于庄浪一带，后来"阳顺阴逆"。到明万历二十五年（1597年），驻牧于松山一带的漠北鞑靼阿赤兔、宾兔等叛明犯边，串通河套的宰僧、着力兔和青海的永邵卜、火筛等部族鞑夷，妄图越边联手"掠汉抢番"。万历二十六年（1598年），兵部尚书兼三边总督李汶，大司马兼甘肃巡抚田乐、甘肃总兵达云等奉旨收复松山，先克昌宁湖之青把都，后破青海之永邵卜。是年三月二十日出奇兵分路进剿，一路从泗水出兵直捣扒沙（今古浪大靖），一路从黄羊川出兵猛击鱼沟，攻其腹背，一路直攻黑马圈河，阿赤兔部溃逃。九月二十四日，各路官兵并进围攻，达云亲率五郡官兵攻入黑马圈河，西宁同知龙应坚和凉州通判王伦前后堵截，"尽拔其巢，攘地五百里"，"松山始信无一虏"。九月二十五日至二十六日，两河道官兵十万人会攻大、小松山，收复了失地。是年冬天，甘肃巡抚田乐遣部属进了边防踏勘，议筑长边。曰："泗水（今古浪县泗水镇）至靖（靖远县哈思堡）之索桥，亘不过四百里。乃旧边自永安历皋兰渡河，逾庄浪至凉州则一千五百里，舍此四百里不守，欲守一千五百里之边，果孰难而孰易？"万历二十七年（1599年）二月，总督李汶上疏明廷："松山既空，故疆已复，其经理善后最为吃紧。而善后非筑边、建堡、设官、屯兵，其道无由，今会官踏勘松山东西一带，延长四百里，勘修长边一道。"这一奏章很快获准。松山战役结束后，为巩固边防，达云修筑了松山城。同年三月至九月，达云带领军民西从泗水堡（今古浪县泗水镇）铧尖滩汉长城起，东到景泰县乌兰哈思吉黄河索桥止，修筑长城共约四百里，保障了松山地区的安定。"起工于二十七年三月，至六月事竣"，这道"新边"从景泰的保进墩西入古浪县境，东西向经昌灵山北麓直滩镇的大岭村、裴家营镇岳家滩、哈家台、大靖镇沙河塘、上下王庄、长城村、青山寺、黄家台村、西靖镇的丘陵地带、赵家地沟、朱家湾、大台沟、马场村，到土门镇台子村转而北上，经黄花滩镇二墩村、永丰滩镇新西村、土门林场、永丰滩镇新建村，在常家井西满家豁口处进入凉州区界，全长183.3里，其中古浪173.7里，凉州区9.6里。"新边"在凉州区内经黄羊河农场亚麻厂、二分场，在铧尖旮旯处的黄羊河农场果品公司林一队西侧与"旧边"交会。

古浪境内除"旧边""新边"两条外，另有一条叫"胡家边"的边墙，筑于明正德年间，是当时朱元璋第十四子肃王朱楧为保其王府周边的食禄地而筑。西起自古浪大河东岸的方墩，与"旧边"相接，向北经土门镇下西湾、贾家后庄，到胡家边村转而向东，经土门镇新胜村、青石湾、閤门，在马圈旮旯处与"新边"相接，全长21.9里。

明代民勤县境内明长城墙体全长约161里，单体建筑94座，关堡7座。墙体分两条，主要分布于绿洲边缘及中部一带。一条是从凉州区九墩镇红水河东岸过民武公路入境，经扎子沟林场、麻家湾、小西沟林场进入永昌县境，分布于县境南部，全长14.7里。其中大部分为消失段，即扎子沟林场—小西沟林场长城，长达11.5里，走向大致为东北—西南，呈弧线进入永昌境内。

另一条长城从扎子沟3号敌台起，经重兴镇扎子沟村、杨坝村，薛百镇河东村，石羊河林场，苏武镇的学粮村、五坝村、邓岔村的沙漠腹地，至于苏武镇龙二村，这段除沿线几个烽火台外，墙体全部消失，只残存扎子沟长城约3里，大致走向为西南—东北。在重兴镇扎子沟村北转为南—北向，经重兴镇北红崖山水库，薛百镇河东村向东北，经苏武镇方家墩拐向西北，至龙二村，长城转为东—西偏南，经苏武镇下东川转为东南—西北，在苏武镇泉水村，墙体呈东—西偏南15度，经石羊河农场大滩分场，墙体呈东—西走向，至大坝镇八一村，又转为东北—西南走向，经大坝镇文二村至大坝镇城西村，墙体转折为由北向南延伸，经薛百镇张八村、甘肃民勤治沙综合实验站、薛百镇更名村、宋和村、河东村以北的沙漠边缘，南下至红崖山水库西侧转为东北—西南向，至原花儿园乡的羊圈墩又转为东—西走向，经马棚圈墩、牛毛墩、至蔡旗镇野潴湾农场墙体又转为东北—西南走向进入永昌境内。这段长城大致呈一个"几"字形，绕民勤县城而过，全长了146.4里。其中整体消失两段，消失墙体69.7里。

三、武威境内长城重点段

乌鞘岭长城遗址　该遗址分为东长城遗址和1、2、3、4段遗址，其中东长城遗址为汉长城，1、2、3、4段遗址为明长城。东长城遗址位于乌鞘岭南麓的半山腰，地势高峻，主峰海拔3562米，为河西走廊的咽喉，是北部内陆河与南部外流河的分水岭。其墙体从打柴沟镇安门村一组东250米东侧乌鞘岭沟口开始，蜿蜒于乌鞘岭南麓东侧山梁上，呈南—北走向，中间偏东，略呈弧形，止于乌鞘岭三个嘴敌台遗址东南。1、2段长城墙体起点处于金强河的北岸，这里地势高低不平，河谷与浅山相融，地势大部分为金强河西岸阶地和乌鞘岭北麓地带。3、4段遗址墙体处于乌鞘岭的南麓和山顶（鞍部）地带，地势高峻，山高坡险。

石洞沟梁长城遗址　其墙体自西南向东北沿天祝县打柴沟镇金强驿村西南的石洞沟山梁上（属马牙雪山余脉）依山脊分布，蜿蜒起伏，至安门烽火台后大体呈南北走向，略偏西，延伸至山脚下，跨过金强河，止于乌鞘岭脚下，总体呈西南向东北转为南—北走向。

安远长城遗址　其墙体沿山梁下至沟谷为南—北偏西走向，起自墩子坪敌台遗址，止于油坊台敌台遗址。安远长城共分为3段，1段从安远镇南泥湾村一组到安远镇南泥湾村一组西400米墩子坪敌台；2段从安远镇南泥湾村一组西400米墩子坪敌台到安远镇柳树沟村二组东100米直沟敌台；3段从安远镇柳树沟村二组东100米直沟敌台到安远镇大泉头村一组北250米油坊台敌台。长城墙体沿山梁下至柳树沟的冲积扇面上，过沟多消失。墙体夯筑而成，以黄土和山地黑褐土为主，夹杂少量碎石。安远长城遗址墙体中南泥湾村附近的墙体处于山梁上的保存差，多已成田埂，两侧耕地紧依墙体，东侧坍塌成土坡，西侧成土坎，夯层外露。柳树沟的墙体多已被山洪冲垮，成河滩和沟壑，有一村道沿沟壑边而修，这段墙体无存，仅剩墙基。墙体整体保存状况差，受自然风化侵蚀严重，局部被人为取土损毁，仅存墙基边缘。大泉头村附近的墙体处于山脚的耕地和村民居住地中，下半段因兰（州）新（疆）铁路穿长城而过形成一个大豁口。

安门长城遗址　该遗址分安门长城1段和安门长城2段两个部分。1

段起点为打柴沟镇安门村三组南（刘家嘴），止点为打柴沟镇安门村宋家庄二组东耕地边；2段起点为打柴沟镇安门村宋家庄二组东耕地边，止点为打柴沟镇安门一组东南500米（乌鞘岭沟口）。安门长城遗址墙体呈东南—西北走向，起自宋家庄，沿金强河依山脚边分布，经马家庄村居民地、耕地，跨过连霍高速公路，在金河河东南岸的浅山阶地分布，经安门村二组（宋家庄），上段在连霍高速路东北侧，中段高速公路穿越墙体，至安门村一组南乌鞘岭沟口，末段向呈南—北转弯过连霍高速公路东侧山坡止。该段墙体为土墙，夯筑而，土质为黑褐土，土质较差，掺砾石夯。该段墙体大多已消失，部分墙体保存较差。残存的墙体处于耕地和村庄中，局部墙体已成土状，墙体顶部被上坡的土埋压；局部墙体被村民利用墙体做屋墙，墙体测呈崖坎状，村民院落倚墙而建。

十八里堡烽火台 位于古浪县十八里堡镇曹家湖水库西。原平面略呈正方形，剖面呈梯形。现平、剖面均呈不规则形。顶宽5米，底宽10米，高7米。黄土夹杂红胶泥土夯筑，夯层厚0.14米。依据烽火台夯层和所建位置分析，烽火台应初建于汉代，明代修缮后继续使用。

光辉长城 位于古浪县泗水镇，为明代长城。现存长3737米。黄黏土夯筑，存在加帮，夯层厚0.18—0.24米。底宽3—4.5米，顶宽1.6—2.3米，高4—5.3米，顶部有女墙。沿线有敌台5座。

赵家地沟长城 位于古浪县，为明代长城。现存长5679米。山地灰褐土夯筑，土质较差，略有沙化，北侧加帮，夯层厚0.22—0.24米。底宽6—7米，顶呈鱼脊状，高1.6—3.5米。沿线有敌台1座、烽火台3座。

团庄营儿城址 位于凉州区，汉代修建，明代沿用。城址由内、外两城组成，平面呈"回"字形，内外两城相距7米。城墙黄土夯筑，夯层厚0.12—0.24米。内城平面呈方形，东墙已毁，南墙长97米，西墙长102米，北墙长63米，门南开。门外有瓮城，瓮城门东开。城墙底宽3.6米，

第二章 多元：丝路重镇上的文化辉煌

古浪县土门镇段

顶宽 0.8—1.5 米，高 3.5—6 米。内城东北角有房址 1 座。外城平面呈方形，东墙已毁，南墙呈"几"字形，存 139 米，西墙长 122 米，北墙长 73 米。外城门南开。城墙底宽 1.9 米，顶宽 0.3—0.8 米，高 1—2.7 米。城址外侧有壕沟。

黄羊河长城　位于凉州区黄羊河农场境内，标记为黄羊河农场一分场长城和二分厂长城。一分场长城长 2293 米，黄土夯筑，西侧加帮，夯层厚 0.15—0.2 米，底宽 2.6—4.2 米，顶宽 0.5—1.5 米，局部墙体被沙埋压，呈斜坡状，高 1.9—4 米。沿线有堡 1 座、敌台 3 座、烽火台 1 座。二分场长城长 3333 米，黄土夯筑，夯层厚 0.18—0.2 米，底宽 1.8—5.6 米，顶宽 0.5—2.8 米，高 0.8—1.7 米。沿线有敌台 1 座。

新地烽火台　位于凉州区清源镇新地五组东南。平面略呈正方形，剖面呈梯形。顶部东西长 9.3 米，南北宽 6 米，底边长 11.7 米，高 9.5 米。黄土夯筑，夯层厚 0.18—0.2 米。烽火台周围有围墙（墩院），南、北两墙与长城墙体相连。

民勤三角城城址 位于民勤县红沙梁镇小东沟村五社西。被黄沙包围，因其修筑于一座略呈三角形的高台上而得名。高台以红砂岩为基础，以土、红柳和砂石相间筑成，东西长80米，南北宽42米，高7—10米。高台顶部周围有围墙，石块夹土垒筑，大部分坍塌严重。西北侧墙体存40米，西南侧墙体大部尚存，其余墙体坍塌严重，与台体持平。台体西南角顶部暴露有灰层和大量红烧土，地面散布大量夹砂红陶片、灰陶片和汉砖等残块。城址周围有沙井文化遗址和汉代窑址。

四方墩 位于民勤县昌宁镇阜康村东北。处在同名沙井文化遗址中，台体系汉代修建，明代补砌后沿用。整体分为上、下两层，平面呈"回"字形，剖面呈"凸"字形。顶部东西宽21米，南北长23米，底部东西宽25米，南北长27米，通高12米。上层台土坯砌筑，顶部有女墙。烽火台周围可见大量沙井文化夹砂陶片和汉代灰陶片以及大量明代瓷片。另在烽火台东南侧18米处有一夯筑台体。

四、文化类型

长城在中国古代军事史上之所以能够有效地发挥防御作用，除了因为有坚固的墙体和无数的城、堡、塞之外，还因为有较为严密的军事信息传递系统。与长城有关的军事信息形成了极富特色的长城文化。

（一）烽传文化

烽燧在汉代被称为亭隧，因为驻有戍守，又是望警的烽台。汉代长城沿线的烽燧，按照形制和功用可分为两类：一是与长城同线的烽燧，主要作用是下传烽火警报、传递邮件、守护长城、保卫边境，它的任务主要是警备和固守边塞，兼有瞭望报警的作用，称为塞烽。另一类是瞭望报警烽燧，是一种延伸出长城的瞭望线，如伸向罗布泊的烽燧线，以郡府为中心，向郡境四周边作辐射状展开，四处延伸修建在各地制高点的烽燧，其主要作用在于候望及向郡府传递情报，瞭望报警，基本上不承担抗敌保境的作用。烽燧传递报警消息是一项十分严肃的军事任务，为确保信息传递及时、有条不紊，汉代的郡府与都尉府都有制度适合本地区使用的《烽火品约》。品约中的"品"是指登记，"约"有约定之意。若未经约定，在传递信息上便会产生障碍。汉代边塞将敌情分为五类：

1.敌十人以下在塞外者。2.敌十人以上在塞外，或一人以上、五百人以下入塞者。3.敌千人以上入塞，或五百人以上、千人以下攻亭障者。4.敌千人以上攻亭障者。5.已被敌人攻下临近的障城。

与上述敌情分品相对应，蓬火信号亦随之对应约定为五级：

1.昼举一蓬，夜举一苣火，毋燔薪。2.昼举二蓬，夜举二苣火，燔一积薪。3.昼举三蓬，夜举三苣火，燔二积薪。4.昼举三蓬，夜举三苣火，燔三积薪。5.昼举亭上蓬，夜举离合火。

这里的"蓬"是以缯布制作，白天有敌情，在烽火台下用桔槔或辘轳升起，使后方传递烽火信号的边士卒见而知之。苣火是用柴草堆积，白天有敌情，则在烽火台旁点火燃烧，白天可见烟起，夜间有敌情，则将苣薪插在烽火台上的木橛上点燃。烽燧戍卒在平日执行勤务时还要用土给积薪涂垩土以防止积薪被雨淋湿或者被大风吹散。发现临近烽燧有敌在烽火台下也燃烧一定堆数的积薪，以便后方望见火光而传烽，这也是一种重要的传递报警的方法。唯有"亭上蓬"和"离合火"分别为危急信号。当敌人已占领烽火台下的障城，烽火台受到直接攻击时，白天则在烽火台上挂起"蓬"，夜间则在烽火台上举离合火。

唐杜佑《通典·守拒法》详细记载了当时烽火台的结构和应用情况："烽台，于高山四顾险绝处置之，无山亦于孤迥平地置。下筑羊马城，高下任便，常以三五为准。台高五丈，下阔二丈，上阔一丈，形圆，上建圆屋覆之。屋径阔一丈六尺，一面跳出三尺，以板为。上覆下栈。屋上置突灶三所,台下亦置三所,并以石灰饰其表里。复置柴笼三所、流火绳三条。在台侧近上下,用屈膝梯,上收下乘。屋四壁开觑贼孔,及安视火筒。置旗一口、鼓一面、弩两张、抛书石、垒木、停水瓮、千粮、麻蕴、火钻、火箭、蒿艾、狼粪、牛粪。每晨及夜,平安举一火,闻警因举二火,见烟尘举三火,见贼烧柴笼。如每晨及夜平安火不来,即烽子为贼所捉。一烽六人:五人为烽子,递如更刻,观视动静;一人烽率,知文书、符牒、转牒。"

汉唐时期燃放烽燧的方法及报警制度,大同小异。唐章怀太子李贤注《后汉书》时,对烽燧做了如下说明:"边方备警急,作高土台,台上作桔槔,桔槔头有兜零,以薪草置其中,常低之。有寇,即燃火举之以相告烽;又多积薪,寇至,即燔之望其烟曰燧。昼则燔燧,夜乃举烽。"唐段成式《酉阳杂俎·广动植》:"狼粪烟直上,烽火用之"。宋陆佃《埤雅·释兽》:"古之烽火用狼粪,取其烟直而聚,虽风吹之不斜。"其实,大凡食肉兽的粪便,其烟都有这种特性。

因为古代燃放狼烟报警,所以在古代典籍中,"狼烟"竟成了"烽火"的同义语,"敌兵"的代名词。狼烟也成了边陲风光中最有代表性的景观。因为狼烟燃放得是否准确及时,直接影响到边关乃至内地的统帅们对敌情的了解和判断,影响到战斗的胜负,所以古代军事家们对狼烟的燃放作过认真研究。《卫公兵法》中就对燃放狼烟的烽火台的选址、建造和相互间距作了详细的说明,并且规定,即使兵马行军途中宿营,也要在营寨百里之外设临时性烽火台。王维《陇西行》诗:"十里一走马,五里一扬鞭。都护军书至,匈奴围酒泉。关山正飞雪,烽戍断无烟。"描写的就是河西边防上紧急报警的情形。一方面,军情紧急;另一方面,边关又风狂雪暴,隔断了烽火上联络、报警的狼烟,边防警哨没有办法点燃烽火报告军情,只得用驿骑策马扬鞭,火速一站一站地往下传递紧急军情。可见,烽燧制度影响深远,对诗歌、建筑等提供了不少的素材。

（二）驿传文化

驿传，在我国起源很早。据学者考证，在殷商时期就有了驿传制度，殷墟出土的甲骨文就有"驲传"的记载。所谓"驲传"就是指驿站专用的车辆，《说文通训定声》称"车曰驲，曰传，马曰驿，曰遽"，因为传递文书讯息主要是用车用马，故驿站亦称驿传、传驿或置驿、置传、邮驿等。《韩非子·难势》中则描绘了古代驿传的基本建置和传递速度，"夫良马固车，五十里而一置，使中手御之，追速致远，可以及也，而千里可日致也。"

汉代，在各地传舍（即邮差休息的房子）15公里置一驿，供驿传者休息、停留，并由邮亭传递公文信息。在嘉峪关出土的魏晋驿使画像砖就描绘了"折花逢驿使，寄与陇头人"的生动场景。我国在1982年8月25日曾发行过一枚邮票，邮票图案采用的就是《驿使图》。《驿使图》不仅对史书中关于驿传的记载相印证，而且也成为我国邮政史的珍贵图片资料。

自隋以后，驿传隶属于兵部，直至清末。可见驿传与军事联系密切，邮驿在唐代得到空前发展，当时官办的驿站以长安为中心四方并联，还在水路设水驿，驿有驿田，设驿长。明时驿递也十分发达，各州府县均设驿站，有水驿、马驿、急递铺、递运所之分，驿站所需人夫、马骡、车船等，作为差役，由当地州县府官府向民户编派。武威著名的古驿站就有大河驿、靖边驿、黑松驿、岔口驿等。驿传制度所带来的驿传文化，对清朝以前文书的传递、交通设施、军事制度等都产生了一定的影响。

第四节 方志文化

方志文化是中华文化史上的独特文化,是中华民族重要历史文化遗产中最全面、最系统、最丰富的文化瑰宝。它在中华民族浩如烟海的文化典籍中,有书8500多种,11万多卷,占我国现存古籍的1/10左右。著名方志学者傅振伦说:"上自一国,下至州邑镇镇,通名为志。"方志是以行政区域为范围的历史记录,在全国有大一统志,省有总志或通志,在省以下有府、厅、州、县志,还有都邑志或城市志,基层有镇(乡)志、或乡土志,有各类专志或部门、行业志等,加上形色多彩的别名异称,方志约有50多个名目种类。

一、五凉时期的方志纂修

五凉时期,各个政权在初定之后即设置官署,指定专人依据各种资料撰写各自的国史,同时也鼓励私家修史。崔鸿《十六国春秋》行世后,五凉史事大多收录其中,但绝大多数有目无书。前凉时期,有《魏记》12卷,为前凉敦煌太守阴澹所著。《凉记》8卷,为前凉著作郎张咨所著。《凉书》卷数无考,为前凉索晖所著。《凉国春秋》50卷,为前凉儒林祭酒索绥所著。《凉记》12卷,为前凉儒林郎、中常侍刘庆所著。《西河记》2卷,为东晋侍御史喻归所著。后凉时期,有《凉记》10卷,为后凉段龟龙所著。《凉记》10卷,为后凉张资所著。南凉时期,有《托跋凉录》10卷,为南凉国子祭酒的郭韶所著。西凉时期,有《凉书》10卷,《略记》84卷、130篇,为西凉儒林祭酒刘昞所著。北凉时期有《十三州志》,为北凉尚书阚骃所著。《蒙逊记》10卷,为北凉宗钦所著。由于当时武威是前凉、后凉、南凉、北凉的国都,这些著作大多记述的是各国的大事,可以看作武威后世地方志的雏形。因年代久远,这些书已散佚殆尽,只能从其他史书中窥其一斑。当时，凉州"学者埒于中原"，在经学、文学、史学、哲学、艺术等方面著书立说发表见解，形成这一时期空前繁荣的文化发展局面，大量著作被载入《晋书》《魏书》《北史》《隋书》等。北凉后期，沮渠牧犍献给刘宋王朝一批图书，内容包括经学、诸子、历史、文学、数学、历法等，共154卷，其中多为河西学者所著，如《凉书》《十三州志》《敦煌实录》《谢艾集》等。

（一）《凉书》《凉记》和《凉春秋》等著作

前凉张氏重视文化，有大量文人致力于私人著述。较著名的有阴澹《魏记》，索晖《凉书》，索绥《凉国春秋》。阴澹曾为张轨的四位"股肱谋主"之一。张茂时，阴澹出任敦煌太守，热心于地方教育事业，所著《魏记》为记载曹魏政权史实，共12卷，曾在《隋书·经籍志》的"史部"中予以载录。索晖在张重华时任建康太守（今甘肃酒泉以东），所著《凉书》记录的是前凉史事。索绥在张骏时任职，修史作文，张重华曾与他讲论经义，往返问答。张玄靓时任儒林祭酒，所著《凉国春秋》共50卷，记载前凉史事。东晋侍御史喻归撰《西河记》2卷，记前凉张重华行述之事，原著久佚，现存张澍辑本、汤球辑本。张澍辑本序称："隋唐《志》《西河记》二卷，《元和姓纂》东晋有喻归撰《西河记》三卷，《广韵》作二卷，'喻'作'谕'，音树。《唐志》缺撰人名，盖记张重华事也。"《十六国春秋》称："晋遣侍御史喻归拜张重华护羌校尉、凉州刺史、假节。重华谋为凉王，不肯受诏，使亲信人沈猛与归言，归折之。《西河记》作于此时也。"另有《西河旧事》1卷，记载河西地区山川物产、风俗传说的著作，作者不详。《隋书·经籍志》称："《西河旧事》一卷。"《新唐书·艺文志》《通志·艺文略》同，原著久佚，现存张澍辑本。

后凉时期，张谘和段龟龙各著《凉记》10卷。张谘在前凉时曾在宫廷任职，后凉时又出任吕光中书监，颇有文才，吕光很器重他。其所著《凉记》记载的是前凉末期张天锡的事,已佚失。此外,郭韶曾在南凉秃发乌孤时任国子祭酒,曾撰录时事,著《托跋凉录》10卷。《托跋凉录》即又名《南凉录》,记载南凉秃发乌孤史事。

北凉时期,宗钦著《蒙逊记》10卷。史载,宗钦在北凉政权里担任过职务,后入魏拜为著作郎。他"少而好学,有儒者之风,博综群言,声着河左"。《蒙逊记》记载北凉主沮渠蒙逊的事迹。北魏攻灭北凉后,高道让著《凉书》10卷。高道让是北魏平城人,虽未亲至凉土,却与沮渠氏有姻亲。《魏书》卷七十七载:"(高道让)以父舅氏沮渠蒙逊曾据凉土,国书阙漏,谦之乃修《凉书》十卷行于世。"《凉书》是高道让从河西带至平城的史料修补而成的,补纂的部分应是沮渠牧犍期间的历史。

(二)段龟龙《凉州记》

段龟龙,凉州姑臧人,生平事迹不详,曾任后凉著作郎等职。《隋书·经籍志》载:"《凉书》十卷,记吕光事。"《初学记》《艺文类聚》《太平御览》等类书引录20余条。

《凉州记》,又名《西凉记》,是北凉时期段龟龙创作的记载后凉奇闻、玄怪、神异等方面内容的野史作品。成书于北凉后期,是十六国时期本土文人记叙后凉割据政权断代野闻的私家史书之一。《史通》外篇载:"佚名记秃发氏,若段龟龙《凉州记》乃记吕光事也。"439年,北凉灭亡后,《凉州记》辗转传入中原,在民间流传。唐代《艺文类聚》《初学记》转引过《凉州记》一些事例。宋代编纂大型类书《太平御览》1000卷,转引《凉州记》事例20多条。可见,此书亦为后世庙堂史官所垂青。

北宋以后,《凉州记》散佚,一些史书只载其名,张澍从《太平御览》中搜章觅句,辑得《凉州记》原文20多条、1300多字,补前凉张谘《凉记》两则、赫连氏夏国《凉书》三则、沮渠氏北凉国《凉书》两则。在以上诸多《凉州记》中,段龟龙的《凉州记》成就最高、对后世影响最大。其《凉州记》叙述384年至401年后凉国宫廷事迹、风土物产等，对研究五凉经济社会史具有重要的史料价值。

《凉州记》辑本中，保留内容最多的是吕光的个人事迹。吕光破龟兹后，高僧鸠摩罗什抵达凉州。鸠摩罗什在凉州十七年的史料极少，目前国内的说法主要是他被吕光"掳掠"而来，在凉州甚至受到了迫害。《凉州记》真实记载了鸠摩罗什在凉州自由生活且受到后凉王朝的优待史实。《凉州记》语言精练，音韵和谐，体现了十六国时期温婉华靡的基本文风；在陈述理对时，则延续了《史记》《左传》善于纵横捭阖的传统。《凉州记》的篇幅，《隋书》说是八卷，《旧唐书》说是十卷，其目录大抵跟《搜神记》体例相近。

（三）阚骃《十三州志》

阚骃，字玄阴，敦煌人。其祖父阚倞在西域很出名，父亲阚玫是当时的秀杰之士，官至会稽县令。阚骃博通经传，聪明敏捷超过常人，三史浩瀚群言，过目成诵，当时人称为宿读。阚骃注释王朗的《易传》，学子们借助此书学通经书。北凉沮渠蒙逊很重视阚骃，让阚骃跟随在自己左右，经常与阚骃讨论政治上的损益。于是沮渠蒙逊任命阚骃为秘书考课郎中，配给阚骃文吏三十人，让阚骃典校经籍，修订诸子书籍三千多卷。后来，沮渠蒙逊加任阚骃为奉车都尉。北凉灭亡后，入仕北魏，担任从事中郎。

史载，阚骃记忆力惊人，"聪敏过人，三史群言，经目则诵，时人谓之'宿读'"。他著述丰富，"撰《十三州志》，行于世"。《十三州志》，又作《土地十三州志》《十三州土地志》《十三州地理志》《十三州记》《十洲记》等。自汉武帝开始，逐渐将全国的行政区划分为十三州，分别是司隶州、荆州、豫州、冀州、并州、兖州、幽州、徐州、青州、扬州、益州、凉州、交州。《十三州志》是一部全国的地理总志。当时中原处于战乱状态，政权林立，阚骃以汉代的全国所有的州作为地理志内容，反映了作者将中华民族看作一个不可分割的整体，反映了全国各族人民求统一的愿望。《十三州志》问世以后，就得到学者们的高度评价，影响远及后世。

郦道元《水经注》引用《十三州志》材料多达百余条。颜师古注《汉书》时，引用材料非常严格，而在注释《地理志》时，多次引用阐明《十三州志》将其作为最基本、最权威的材料。刘知几在《史通》中对于阚骃《十三州志》的评价非常高："地理书者，若朱赣所采，浃于九州；阚骃所书，殚于四国。斯则言皆雅正，事无偏党者矣。"评价是恰如其分。遗憾的是，阚骃《十三州志》已经佚失。张澍从《水经注》《史记索隐》《汉书注》《后汉书注》《北堂书钞》《太平御览》等著作中，辑录出《十三州志》佚文299条。

（四）刘昞《人物志注》和《敦煌实录》

刘昞，字延名，敦煌人，其父刘宝以儒学称闻天下。刘昞十四岁曾随郭瑀求学，当时郭瑀有弟子五百余人，通经业者八十余人。后来，刘昞隐居酒泉坐馆授徒，不应"州郡之命"，跟随他读书的学生也达五百余人。李暠建立西凉王国后，征刘昞为儒林祭酒、从事中郎。北凉攻灭西凉后，沮渠蒙逊拜刘昞秘书郎，专管注记。沮渠蒙逊特意在凉州城西苑为刘昞修筑陆沉观，时时前去听讲诗书，称他为"玄处先生"。沮渠牧犍尊其为国师，亲自致拜，命官属以下都去听刘昞讲学。北魏攻灭北凉后，魏武帝拓跋焘素闻其名，拜刘昞为"乐平王从事中郎"，诏准他留在凉州。后逝于凉州西四百里薤谷窟。刘昞一生著述颇丰，"以三史文繁，著《三史略记》百三十篇、八十四卷，《凉书》十卷，《敦煌实录》二十卷，《方言》三卷，《靖恭堂铭》一卷，注《周易》《韩子》《人物志》《黄石公三略》，并行于世。"《四库全书提要》载："（刘）昞注不涉训诂，惟一顺通大意，而文辞简古，犹有魏晋之遗。"

《人物志注》是五凉时期学术著作中保存较完整的史籍。《人物志》原著作者是曹魏时的刘劭，写成的时间约在魏明帝在位时间（226—239年），该书谈论了用人的原则、识人的方法等，是一部专门讨论选举用人时涉及

"才""性"问题的理论专著。《人物志注》的保存使后人可以看到这部重要著作的许多内容,陈寅恪《隋唐制度渊源略论稿》中说:"刘昞之注《人物志》,乃承曹魏才性之说者,此亦当日中州之绝响之谈也。若非河西保存其说,则今日亦难以窥见其一斑矣。"

《敦煌实录》是一部严谨的史学著作,记载河西地区人物和传说,人物多涉及前凉,也有汉魏人事,以及后凉吕光、西凉李暠的记录。现书虽已佚失,但从其他史书中可知佚文约有近20则,对此书可略见一斑。清代学者汤秋《敦煌实录辑本》录13则,章宗源《隋书经籍志考证》录16则,张澍《续敦煌实录》卷首辑17则。

二、明清方志编纂

明清时期统治者的重视和倡导为大规模修志提供了条件,特别是康乾嘉三代为纂修一统志下发的诏令及省发修志檄文,促进了各地普遍修志。各府及直隶州志要经各省最高长官督抚监修及审查,各州县志由各省学政负责。政府官员、州府县学教授、教谕、训导、镇进士、举人、太学生、贡士等参与其中。现在武威留传于世的地方志书,有清顺治十四年(1657年)苏铣编纂的《凉镇志》,清乾隆十四年(1749年)张玿美主编的《五凉考治六德集全志》(简称《五凉全志》)。清代武威籍著名学人张澍、谢树森、卢即兰、潘挹奎、张玿美等都有方志著作留世。

(一)武威县方志作品

现存较早的武威地方志著作是天启《凉镇志》,系明朝天启六年(1626年)分巡道通许王顺行修撰的凉州旧志书。《重刊凉镇志序》称:"凉州旧志,修自蒲坂杨公,观成于西平王公。"《五凉全志》称:"分巡道杨俊臣天启二年任,创修《凉镇志》;分巡道王顺行天启六年任,创修《凉镇志》。"《五凉全志·序》:"凉自前明改为卫所,旧有镇志,经始于蒲坂杨公、陈留王公。草创之初,规制未备。"据此,张维推断:"凉志、张序均云俊臣、顺行创修镇志，考其任期，则相去四年。疑俊臣草创而顺行成书，故录顺行。"

《五凉全志》包括武威、镇番（今民勤）、永昌、古浪、平番（今永登）五县的县志，各志内容均按地理、建置、风俗、官师、兵防、人物、文艺等七篇编写，共5卷，5册。存原刻本。该志记述了上自唐虞，下至清朝中期数千年间凉州地区历史沿革、天文地理、政治军事、经济物产、民族宗教、风土人情、文物古迹、文化艺术等方面的史实。体例得当，内容丰富，叙述别致。集资料性、知识性、可读性为一体，具有浓郁的地方特色，是凉州地区历史发展真实集中的反映。清道光年间镇番知县许协谓其"略而不全，缺焉未备"。张维在《陇右方志录》中也有详尽的讨论："志列珰美总修，而义例则出凉庄道张之浚。之浚自序谓'依《武功志》定为七篇'，惟水利、兵防稍为详尽，余皆简略已甚。沿革、建置尤多疏误。于凉州大事，如前凉、北凉建国始末，明代行都司初驻庄浪，清武威、庄浪驻防制度及河西屯粮、累民之政皆无详细记载，或竟遗漏；而高自标榜，以为立治者展卷了然，即其类以求之，自必有得乎。最当者以是为敬事，以是为以道事君。珰美则极口称誉，以法宗先正，语本圣经，真不知与志乘有何相关也。至所谓考治六德者，盖将以是为考治之书。取《周礼》智、仁、圣、义、忠、和六德，卷系一字：武威为'智'集，镇番为'仁'集，永昌为'圣'集，古浪为'义'集，平番为'忠'集，而以之浚所著学道编为'和'集。然今行本皆五集，盖以迂怪太甚，印书者早弃置之矣。"

清顺治年间，武威又出现两部地方志书，分别为顺治《凉镇志》和《河西山川水域考略》。顺治《凉镇志》于顺治十四年（1657年），由西宁道苏铣主持修纂的凉州地方志类书，共8卷，4册，存原刻本。苏铣，河北交河人，清顺治三年（1646年）进士，由卫辉府推官行取监察御史职，巡按山西，顺治十二年（1655年）官西宁道。第一册图，第二册武威，第三册永昌、镇番、古浪，第四册疏、赋、诗。其中二三册各分地理志7目，建置志 6 目，官师志 2 目，兵防志 5 目，岁计志 5 目，人物志 7 目，共 36 目。书口题"丁酉重刻凉镇志"。该志在天启《凉镇志》的基础上求遗补缺，重新编撰。《陇右方志录》载："此志所载，沿革时有错误，而兵防、岁计两志，颇为详备。"

《河西山川水域考略》是记载河西地区地域特点为主要内容的地方志书，作者是民勤县卢即兰。《镇番遗事历鉴》"世宗顺治四年丁亥"条载："是年，科试贡生一员，名卢即兰，官至高陵县教谕。即兰少英明旷达，天分过人，文名赫著，傲物不屈，有先父遗风。终身厄于科名，授徒多有成就。老年著述，撰《河西山川水域考略》一帙，时人推重之。"

在清代，专以记载人物行述事迹的志书有潘挹奎所著的《武威耆旧传》，共 4 卷 1 册，存原刻本。《武威耆旧传》为清初至嘉庆间武威名人共 60 人立传。晚清武威学者李于锴作《潘挹奎传》云："挹奎既以文学知名，久居京师不得调，益淬厉为诗、古文以自娱，而尤留意镇邦文献。尝所著刊行者，《武威耆旧传》六卷。武威自乾、嘉以降，彬彬多文学士矣，然无有捃桑梓旧闻，勒成一家者，辑录少，传信难也。或家牒私录，秘不示人，中更兵燹，沉失无可踪迹；或其人本有声绩，隐见史册，询其孙曾，乃不识何代人；或高躅绝轨，遗世独立，人轻东家丘，轻相訾謷。非挹奎仁心为质，一一掇拾而襮著之，草亡木卒，其何幸焉！"《陇右方志录》载："传载清代耆旧，自李栖凤至挹奎家三学博，传皆详整有史裁。然李栖凤以故明总兵降清（见李于锴《栖凤别传》），挹奎略而不书。作书清时，难免避护，未若于锴奋笔易代之后，得以直道行也。"张澍刻印此著时，曾为之作序。

清末民初的李鼎超编纂的《陇右方言》也是一部影响力较大志书。此共 10 卷 1 册，成书于民国十八年（1929 年）。《方言志》从草创到脱稿历时 10 年，初名《武威方言》，然言不可以县域，因更名《陇右方言》。全书卷首有《自序》，卷末置《自跋》。正文体例依章太炎《新方言》，分释词、释言、释亲属、释形体、释器、释宫、释天、释地、释动物、释植物等10卷，共1214条。《陇右方言》着力在甘肃（侧重河西）方言中考索保存至今的古代词语和古音，沿波讨源，运用古今声韵转变的规律，博采《尔雅》《方言》《说文》及经传典籍加以证明。其中考证精当、发前人之未发者，随手可举。著名语言学家黎锦熙对此书大加赞赏，曾力促出版。语言学家、美国南加州大学铁鸿业教授评价此书"对研究小学、字源，提供参考资料，价值尤为卓越"。此著作在李鼎超生前未能刊行。1986年，西北师范学院《陇右文献丛书》将其列入，于1988年1月由兰州大学出版社影印出版。

（二）民勤县方志作品

在明清地方史志编纂中，民勤县出现的方志作品较多。比较著名的编纂学者有王柱泰、谢树森、孟良允、杨大烈、曹燮等人，《镇番户族小识》《镇番宜土人情记》和顺治《镇番卫志》、乾隆《镇番县志》等具有一定的存史资政意义。

《镇番户族小识》是记载明朝英宗年间民勤人口状况一部志书。《镇番遗事历鉴》"英宗正统十二年丁卯"条载："邑人王柱泰著《镇番户族小识》成，三十万言。统本邑实有户族姓氏，凡一百九十。如谓何氏：其族也，盖阶州原籍，因家与焉。初不过十余口，繁衍播迁，历传十世，遂成望族。今户八十，口六百五十余。一支居于川，一支居于湖。祖茔在川，宗谱在湖。数代俱以武功显，英才辈出，与国有勋，造就地方，民社赖之。类金如是而载之，人谓为'志中之志，史外之史'，诚方家隽评也。"《镇番遗事历鉴》并录有该书序言，罗列所记各户族姓氏。此外，"太祖洪武十九年丙寅"还引有一条："是年，本营守墩驻军共三千五百二十名，农工牧商共五百四十户，三千五百又七人。"可见，该书除户族姓氏外，还记载了明代前期镇番人口概况，十分珍贵。

明代还出现了记载民勤民俗风情的方志类作品，有《镇番宜土人情略记》《镇番宜土人情记》。《镇番宜土人情略记》是杨大烈编纂的记载民勤民俗风情的一部地方志作品，共6卷，现已散佚。杨大烈，字静野，万历十三年（1585年）举人，由河南商丘县（今商丘市）教谕历升湖广衡州府通判。《镇番遗事历鉴》"神宗万历七年己亥"条："邑人杨大烈修卫志未竟，经划三载，乃著《镇番宜土人情略记》。凡六卷、曰疆域、曰沿革、曰山川、曰形胜、曰古迹建筑、曰事功、曰风俗。嗣后，邑令江鲲编纂县志，多所采录。"谢广恩补记："杨夫子所纂《镇番宜土人情略记》，即其子小泉厘正之《镇番记略》，后易名《边镇纪略》是也。"《镇番宜土人情记》的作者为曹燮。《镇番遗事历鉴》"神宗万历七年己卯"条载："广恩批曰：……然考此帙，竟非杨公所为，而系曹公燮所纂者也。此公为清道光时人，距杨公在世二百余年，故不可将其二书混为一谈。""广恩补记：今复得曹公燮所纂之《镇番宜土人情记》，视其名，竟与杨公书差似之，然究非一书。其间雷同者有，证引者有，而书体裁夺迥然有异。前者，志书之例；后者，《通鉴》例也。"《镇番遗事历鉴》引用该书多达73条，9800余字，涉及镇番山川、泉泽、古迹、祠庙、人物、风俗等方面。

清朝早期的民勤地方志分别为顺治《镇番卫志》、雍正《镇番县志》和乾隆《镇番县志》。顺治《镇番卫志》由民勤县孟良允编纂，现已散佚。道光《镇番县志》谢集成序："镇邑旧有卫志，肇修于国初方伯孟公。"《镇番遗事历鉴》亦多次提及或引用《镇番卫志》。孟良允，原名孟良胤，字元芳，镇番卫人，明天启元年（1621年）举人，历任户部、兵部主事，昌平道尹，仕清后历官河南按察使、浙江布政使。康熙二十四年（1685年）卒，享年75岁。有诗文集《北窗集》24卷。

雍正《镇番县志》共10卷，现已散佚，清雍正十一年（1733年），镇番县吴攀桂修。道光《镇番县志》谢集成序："续修于雍正庚戌广文吴公、孝廉卢公。"《镇番县志》："吴攀桂，康熙十一年副榜，西安教授。尝继孟良允修辑邑志。""进士卢在莲与兄举人生华同辑县志。"《镇番遗事历鉴》"世祖顺治十五年戊酉"条亦记载:"吴攀桂继孟良胤纂辑邑志。"乾隆《镇番县志》共1卷,1册,张玿美修,曾钧、魏奎光纂,系乾隆十四年(1749年)刻《五凉考治六德集全志》本。

在民勤清代旧志作品中,《镇番遗事历鉴》影响力最大。《镇番遗事历鉴》是一部编年体地方历史著作,记载了明洪武三年(1370年)至民国二十五年(1936年)间镇番县所发生的历史性事件,全书共12卷,约45万字。清道光二十八年(1848年)谢树森纂辑,民国25年(1936年)谢广恩补辑。全书参考征引了本地大量的族谱、日记和其他各类公私文书档案,内容十分丰富,"关系到政治、经济、文化、教育、民族、军事、地理、气候、人口、生态、民俗、考古、地名、语言、中西交通、地方建设等各个方面。所录资料十分丰富、广博,且多为其他史志书籍所不载,充分体现了本书在西北史地研究方面所具有的极高的史料价值"。此外,这部著作中的许多材料转录自本地的户籍家谱及邑人日记著述等,而这些著作多已散失亡佚。据不完全统计,《镇番遗事历鉴》提到的镇番籍学者著作20余种,被大量引录的也有近10种。这些都是极其珍贵的史料,均赖该书得以保存,故而弥足珍贵。

道光五年(1825年),镇番知县许协主持修撰成《镇番县志》,通称为道光《镇番县志》,全书共10卷,5册。存原刻本。许协聘请本邑文人谢集成为本书总纂,道光五年(1825年)成书。许协是山西平定州人,道光三年任镇番知县。谢集成,字振之,嘉庆三年(1798年)举人。参与修志者还有敬联星、张西铭、谢庆祥等。

清光绪年间,民勤编纂的地方志书有两本,分别是《镇番县镇土志》和光绪《镇番县志》。《镇番县镇土志》共1册。存写本。光绪三十一年(1905年),县长刘春堂辑。刘春堂,河北省肃宁县进士,清光绪三十一年调任镇番知县。时值清廷内务部催修甘肃各府、厅、州、县志与镇土志。他骑毛驴、坐牛车，体察民情，亲履勘验，绘制地图，民勤百姓有口皆碑。《中国地方志综录》："清光绪末，作者刘春堂编《镇番县镇土志》，书二，书藏日本东洋文库。"国家图书馆分馆编有《镇土志抄稿本选编》一书，全国图书馆文献缩微复制中心2002年8月出版，收录有《镇番县镇土志》，目录题名为"刘春堂、聂守仁纂修，抄本"。光绪《镇番县志》共11卷，6册，存抄本，常孝义修，彭汝翼纂，光绪三十四年（1909年）成书。《镇番遗事历鉴》"德宗光绪三十四年戊申"条："知县常孝义奉文纂修县志。公励精图治，刻求旧资，阅数月纂成初稿。本欲付诸剞劂，惟应省府频促'具承阅览'，遂以抄本奉呈之。"

第三章　异彩:河西走廊上的文化遗珍

唐朝是一个高度开放的时期,各民族高度交流交往交融,孕育出一批传唱千古的乐府名曲,如《凉州》《伊州》《甘州》等。尤其是《凉州》,上到宫廷,下至民间,流传十分广泛,堪称唐代民族乐府第一曲调。王之涣"黄河远上白云间"、王翰"葡萄美酒夜光杯"等都是脍炙人口的《凉州词》名句。

唐开元年间,郭知运将从凉州搜集的西域曲谱献给唐玄宗,玄宗命教坊翻成宫廷乐谱并配以新词传唱,并以曲谱产生地凉州为曲调名,"凉州词"因之诞生。自此"凉州"作为一种文学意象进驻中国文学史,成为唐朝边塞诗的标志。

"祁连磅礴拥孤城,文物当年似两京。"武威金石文化丰富厚重,透过那些沉默无言的金石,我们可以解读千年凉州文化的另一番景象。武威也是非物质文化遗产资源大市,种类繁多的非遗项目见证着勤劳善良、奋斗进取的武威人民最深沉的生活追求和精神向往。

第一节　乐舞文化

凉州最早的乐舞,出现在距今约5000年的新石器时代,凉州区王景寨马家窑文化遗址出土的打击乐器彩陶鼓、舞蹈纹彩陶盆、吹奏乐陶埙等证明了这一点。流传于后世的凉州乐舞最初形成于后凉。吕光远征龟兹,班师东归时用两万头骆驼运送珍宝和乐舞艺人。到凉州后,将带来的乐人舞伎和各种乐器编成一组庞大的乐舞演艺团体，并将龟兹乐曲与河西走廊的地方乐舞融合，形成了凉州乐舞。唐代时，凉州乐舞发展极盛的标志是《霓裳羽衣曲》，此乐舞是由西域传到凉州的天竺乐曲《婆罗门曲》改编而成，凉州乐舞自五凉至唐历经五百年不衰。

一、汉魏晋之际的"四部乐"

自西汉元光元年（前134年）以来，汉武帝在击败匈奴，打通西域前后，凉州音乐就已经传入长安宫廷。汉武帝曾"以李延年典乐府，稍用西凉之声。"汉初，凉州一带主要为月氏人所据。月氏人亦称羯人，善骑射，好歌舞。"西凉之声"正是居住在凉州的月氏人所创造的音乐和舞蹈。

魏晋时期，中原战乱，内地人士纷纷迁徙河西，使儒学和中原地区的乐舞艺术等流入凉州并得以保存。同时，西域善眩之术，也随张骞通西域，经河西走廊，"始入中国"。西域乐舞开始传入河西走廊后，有的经过加工改造，形成具有地域特色的音乐和舞蹈艺术。继而又流传至中原，并在隋唐时期被定为官方正乐。在流传过程中，天竺乐、龟兹乐、西凉乐和清商乐相与交融汇合，称为"四部乐"，盛誉于世。

清商乐是魏晋时期兴起的一种汉族传统音乐。《隋书·音乐志》记载："清乐，其始即清商三调是也。并汉来旧曲，乐器形制并歌章古辞与魏三祖所作者皆被于史籍，属晋朝迁播，夷羯窃据，其音分散。苻永固平张氏，始于凉州得之。宋武平关中，因而入南，不复存于内地，及平陈后获之。高祖听之，善其节奏，曰：'此华夏正声也。'"可知，西晋永嘉之乱后，一部分清商乐传入凉州，另一部分清商乐随着东晋政权传到江南。376年，前秦苻坚平定前凉之后，在凉州得到了清商乐，然后又流向关中地区。417年，刘裕灭后秦，占领关中一带，将清商乐带到了江南。从那时起，中原地区不复存在清商乐。杨坚灭南朝陈朝之后，又获取了清商乐，称之为"华夏正声"，"其乐器有钟、磬、琴、瑟、击琴、琵琶、箜篌、筑、筝、节鼓、笙、笛、箫、篪、坟等十五种为一部，工二十五人。"

天竺乐始于前凉张重华时期。《隋书·音乐志》记载："天竺乐起自张重华据有凉州，重四译来贡男伎。"后来天竺国王子以僧侣身份游历河西，才真正传播了《天竺乐》。歌曲有《沙石疆》、舞曲有《天曲》。所用乐器有凤首箜篌、琵琶、五弦笛、铜鼓、毛员鼓、都昙鼓、铜钹、贝等九种，由乐工十二人演奏，舞蹈一般是二人舞。

龟兹乐是吕光征伐西域时从龟兹带回，先在河西走廊流传，后传播至中原地区。北朝至隋唐间，风靡一时。齐隋之际，有《西国龟兹》《齐朝龟兹》《土龟兹》等三部，舞曲有《小天》《疏勒盐》，歌曲有《善善摩尼》，解曲有《婆伽儿》。所用乐器除笙箫外，主要是鼓类，有毛员鼓、都昙鼓、腰鼓、答腊鼓、羯鼓、鸡娄鼓、琵琶、五弦、箜篌、铜钹、贝等十五种，舞蹈一般是四人舞。史载："周隋以来，鼓舞曲多用龟兹乐。"

可见，凉州乐舞艺术在魏晋南北朝时期的北方处于领先的地位，西域乐舞经在凉州交流融合，然后在北方地区迅速传播，大大推进了中原地区文化艺术的丰富与变迁。

二、"最为闲雅"的西凉乐

西凉乐是以凉州为中心的河西走廊音乐，其形成和发展时期，是中国音乐发展的重要阶段，是"中国风格"的民族音乐的形成时期，是我国传统音乐文化高度发展的重要标志之一。

汉武帝置武威郡后，武威郡的官吏有一项任务就是采集当地音乐歌舞（当时主要是月氏、匈奴人创造的乐舞），带回长安并吸收到宫廷乐舞中。汉代以后，随着丝绸之路的畅通，西域、印度、波斯、罗马等的商队、使节、僧侣频繁往来于河西一带，当时的凉州不但"车马相交错，歌吹日纵横"，而且还有不少西域和印度、中亚的商人、僧侣在这里定居，凉州已成为一座国际化城市。

4世纪中叶，天竺（印度）乐舞传到了凉州，有歌曲、舞曲和乐器及其表现（表演）手法，乐器中的凤首箜篌、琵琶、五弦、笛、铜鼓、铜钹、贝等就是从印度传入的。十六国时期，凉州乐舞被当时北方最强盛的前秦苻坚纳入宫廷乐舞演出，称之为"秦汉伎"。《隋书·音乐志》载："（西凉伎）此声始兴，盖苻坚之末。……清乐，其始即清商三调是也。并汉以来旧曲，乐器形制并歌章古辞与魏三祖所作者，皆被于史籍，属晋朝迁播，夹羯窃据，其音分散，苻永固平张氏于凉州得之。"《通志》亦记述："西凉伎，即是晋初旧声，魏太武帝平凉州所得也，秦汉两代是魏晋相承之乐。"可见，前秦宫廷乐舞，大多是前凉张氏治下的凉州乐舞。

后北魏灭北凉，"得其伶人器服，并择而存之。"这就是史书所记载的西凉伎是"魏太武帝平河西，得沮渠蒙逊之伎"的由来。进而以地名作为乐名，改"秦汉伎"为"西凉伎"。隋朝时，社会稳定，经济繁荣，西凉乐和西域民族乐舞艺术在中原普遍流行起来。581年，朝廷正式制定以"国伎"（西凉伎）为首的七部伎，其他为清商伎、龟兹伎、安国伎、天竺伎、高丽伎、文康伎。大业中，隋炀帝复改"国伎"为"西凉乐"，又改"文康伎"为"礼毕伎"，同时又将"康国伎"和"疏勒伎"赠入"燕乐"，成为宫廷九部乐，"西凉乐"仍为首位。初唐大型乐舞《秦王破阵乐》被视为反映大唐开国、以武定天下的名曲。此曲的文化源头就是《西凉乐》。不论是武德初年宫廷乐舞九部乐，还贞观十六年宫廷乐舞十部乐，"西凉乐"仍处于显要地位，是天下歌舞中的精品。正如《旧唐书·音乐志》所载："《西凉乐》最为闲雅"。

《隋书·音乐志》载，西凉音乐有歌曲、解曲和舞曲，其中解曲是管弦乐曲。这说明西凉音乐有多样化的音乐表现形式，即以声乐、器乐和舞蹈伴奏曲三大类。西凉乐的组织规模是隋唐乐队中编制最大最全的一部，其乐器可谓"八音"俱备，律制健全，"吹拉弹唱"兼有。吹管乐器主要有笙篥、横笛、笙、箫等，弹拨乐器主要有筝、卧箜篌、竖箜篌、琵琶、五弦等，拉弦乐器有马尾琴、大小胡等，打击乐器有钟磬、腰鼓、齐鼓、担鼓、铜钹、贝等。这些乐器大部分是生活在凉州的少数民族乐器。如《旧唐书·音乐志》载："其乐具有钟磬，盖凉人所传中国旧乐，而杂以羌、胡之声也。"

柔美多姿的舞蹈也是西凉乐的重要形式之一。《通典》载：西凉乐的舞蹈主要有"白舞""方舞"等形式。白舞，即一人独舞；方舞，即四人合舞。向达《唐代长安与西域文明》写道："软舞，曲中之'凉州''甘州''苏合香''团团旋''回波乐'属壹越调。"可见，"凉州""甘州"为软舞类舞蹈。20世纪70年代，凉州磨嘴子出土的大量木雕俑中，有一对木雕舞俑，高约15厘米，舞伎身着长裙，头梳高髻，昂首款款而舞，似乎倾诉着来自千年的美妙绝伦又朴实无华的歌声舞态，生动地展现了昔日西凉乐舞艺术的繁荣情景。

三、唐朝"凉州大曲"

史载，"西凉乐"传入中原后，"备受魏世共隋咸重之"。即使不大重视旧乐的唐代，在数百种管弦杂曲，仍有很大一部分是西凉乐部系统。其所用乐器有：钟一架、磬一架、弹筝一、搊筝一、卧箜篌一、竖箜篌一、琵琶一、五弦琵琶一、笙一、箫一、筚篥一、小筚篥一、笛一、横笛一、腰鼓一、齐鼓一、檐鼓一、铜钹一、贝一。因此，"西凉乐"深远意义，不仅作为"国伎"，连同"龟兹""疏勒""安国""康国""天竺"以及高丽、百济、高昌等国乐舞，为隋七部乐、九部乐及唐十部乐打下了基础。

唐开元年间，郭知运将从凉州搜集的"西凉乐"等曲谱献给唐玄宗，玄宗命教坊翻成宫廷乐谱并配以新词传唱，并以曲谱产生地凉州为曲调名，称为"凉州大曲"。《新唐书·礼乐志》载："开元二十四年，升胡部于堂上。而天宝乐曲，皆以边地名，若《凉州》《伊州》《甘州》之类。后又诏道调、法曲与胡部新声合作。"可见，"凉州大曲"是"西凉乐"发展和继续，也是在西凉伎乐基础上派生的多段大型歌舞音乐。唐郑启《开天传信记》载:"西凉州俗好音乐,所制新曲曰《凉州》,开元中献之。"宋王灼《碧鸡漫志》载:"乐府所传大曲,唯凉州最先出。"大曲的曲体结构为"散序"(无拍无歌)、"中序"(入拍,以歌为主)、"入破"(歌舞并作,以舞为主)。这种结构,从曲调意义上讲,便是"曲头(起)——曲身(展开)——曲尾(合)"的多段套曲连缀;从节奏意义上讲,则是"散序(散板、慢抒)——中序(中板、呈示)——入破(快板、高潮)"层次对比序列,由此贯穿着乐(合奏、协奏、独奏)、舞(独舞、双舞、集体舞)、歌(合唱、独唱、领唱)三位一体的综合艺术特征。

"凉州大曲"出现后,继而产生了许多大曲作品。《稗史汇编》载:"乐府所传大曲皆出于唐,而以州名者五:伊、凉、熙、石、渭也。凉州今传为梁州,唐人已言误用,其实从西凉府来也。凡此诸曲,唯伊、凉最著,唐诗词称之极多。"《碧鸡漫志》载:"凉州、伊州、甘州等曲,西凉乐也。"大曲由于篇幅过大,后又出现从中摘取片段单独演奏并制歌填词的情形。此风兴起,乐章歌词制作火爆,一时成为民间社会、私人宴享乃至宫廷禁苑中最时髦的流行歌曲。

中唐宫廷歌伎和民间乐工,"取当时名士诗句入歌曲,盖常俗也"。后又由"选诗以配乐"逐渐衍化为"由乐以定词",不仅完成了由歌诗向歌词的过渡,促成了"倚声填词"的创作方法,还催生出宋元杂剧。元杂剧和南戏也吸收了西凉乐中的大曲,这也是宋元杂剧将其揽入的曲调称之为元曲,将元曲称之为北曲,又将宋元杂剧称之为北剧的原因所在。"古之四方皆有音,合歌曲但统归南北二音。如《伊州》《凉州》《甘州》《渭州》,本是西音,今并为北曲。"其实,何止北剧,连南戏中也吸收它不少。如"八声甘州""凉州新郎""凉州第七""凉州令""凉州赚""小凉州"等。足见后来的南戏北剧,都借鉴了凉、伊、甘、渭之西凉乐。

在西凉乐盛传之时，民间曲子也广为流传。曲子，即明清间所称"小曲"，也即近现代所说的"小调"。曲子起源于民间，萌发于六朝，发展于中唐以后，至五代、两宋而蔚为大观。《碧鸡漫志》载："盖隋以来，今之所谓曲子者渐兴，至唐稍盛。今则繁声淫奏，殆不可数。"这里所说的曲子，就是指隋唐时期流行的西域音乐——燕乐。曲子，作为隋唐燕乐的组成部分，尽管长期以民间小曲的形式流传，实际上却是这一地区劳动人民的成果。尤其是后人把民间小曲演唱称之为"秦声"。357年，前秦苻坚统一了北方和河西，消灭前凉后曾移士族十五万户于河西，从此秦声也带入河西，经与居住当地的月氏、鲜卑、羌等民族音乐舞蹈相融合，吸收了西凉乐的大量成分。《隋书·音乐志》载："太武帝平河西，得沮渠蒙逊之伎，宾嘉大礼，皆杂用焉，此声所兴，因而改变，杂以秦声也。"由此可见，秦声不仅流遍西北各地，内容还包括凉州各少数民族的音乐。

从西凉乐的"胡华合一"，到隋唐燕乐的"倚声填词"，从寺庙讲唱的发展勃兴，到百戏小曲的繁荣活跃，从西凉乐舞的"软""健"舞风，到民间舞蹈的千姿百态，都为后世唱、奏、做、舞、念等曲艺、器乐、戏曲、舞蹈各种艺术形式的产生，起着重要作用。如西凉乐以"凉人所传中原旧乐而杂以羌胡之声"，完成了中原俗音乐与胡夷之乐交汇融合的过渡，为燕乐的问世奠定了基础。燕乐的"倚声填词"，经过"取现成声诗入乐"发展为"应曲度而专制填词"，完成了由歌诗向歌词的过渡，为后世"填词以应歌舞"积累了丰富的音乐内容。凉州大曲等西凉乐部系中由乐、舞、歌三位一体的综合特征，发展为就本宫制"引、序、慢、近、令"，完成了由歌舞向曲牌连缀体套曲形式的过渡，为后世器乐合奏及戏曲唱腔音乐结构体制的形成，提供了基本格式。

四、凉州大曲与霓裳羽衣曲

大曲始于汉代，成型、繁盛于隋唐时期。汉代的大曲只是在相和歌的基础上，经专业音乐家与文人的加工改编而成的一种艺术性相对较高的音乐形式，只是隋唐大曲的雏形，而唐人歌曲大曲是多段的大型歌舞音乐。大曲曲名可考者约 140 多种，而歌词尚存 13 套，《乐府诗集》中存 5 曲，即"凉州""水调""伊州""陆州"，其余在敦煌曲子词中。宋程大昌《演繁录》载：乐府所传大曲惟"凉州"最先出。可见，凉州大曲是我国历史上真正产生的、具有"专业"艺术水准和浓厚民族风格的第一个大曲。

自凉州向唐朝宫廷进献第一个大型歌舞曲"凉州大曲"之后，全国各地一些官府，乃至域外使团也陆续向朝廷进献乐舞。如河东节度使马燧献《定难曲》、昭义节度使王虔休献《继天诞圣乐》、山南节度使于又頔献《顺圣乐曲》等，同时了产生了 46 种大曲。可见凉州人民不仅创造了我国历史上第一个著名的歌曲大曲，而且还带动和促进了其他地区音乐舞蹈艺术的交流融合，使这一时期的音乐文化艺术得到了蓬勃发展。

《霓裳羽衣曲》被誉为"唐代汉乐与胡乐融合发展的最高成就""历史上最有名的舞"。《霓裳羽衣曲》，初名为《婆罗门曲》，最早是印度音乐，后经西域流入凉州，在凉州与当地音乐相结合形成了完整的大型套曲。当时的河西节度使杨敬述把此曲进献给唐玄宗，很受唐玄宗喜爱。天宝十三年（754 年），玄宗进行再创作，把这套曲子改为《霓裳羽衣曲》，组织宫中伶人排演，由他和杨贵妃教习，成为当时重大政治、外交活动中

凉州乐舞

的主要节目。

五、乐舞遗韵

凉州乐舞在经历了汉唐繁华、宋元衰落,成为名副其实的边塞乐府绝唱。幸运的是,凉州乐舞的文化遗迹至今依留存于凉州大地。如凉州攻鼓舞、凉州狮子舞等民间舞蹈,在风格及表演体式中体现出凉州乐舞的艺术迹象。

凉州攻鼓舞起初表演时有二十人左右,其后不断有所扩展,发展到近百人。凉州攻鼓舞不像其他鼓舞以气势取胜,而注重以细腻的动作技巧和丰富多彩的鼓乐节奏见长,既有威武雄壮、粗犷豪放的阳刚之气,又有婉转娴雅、翩然恬淡的阴柔之美,其总体格调与古西凉乐舞之"软""健"之风吻合。具体内容见本章第四节《非遗文化》。

凉州狮子舞是流传于民间的一种为群众所喜闻乐见的传统民间舞蹈艺术。狮子舞最早源于西域龟兹,在唐代以前就在民间流传,及唐代有了较大的发展与创新,并与《太平乐》结合而成乐舞一体,具备剧情、说白、表演场景、音乐、道具等戏剧的基本因素。《中国风土趣话》写道:这一乔装狮子舞形式,在隋朝由西域至新疆传至千里河西走廊,先名噪于凉州一带,随之又盛行于凉州以东地区,至隋末唐初又沿丝绸之路东传于长安、洛阳等地,成为宫廷乐舞中的主要节目。之后风行于大江南北,并且不断地发展、充实、提高,逐步扩散开来。在古代,无论是宫廷宴会、迎送使节,还是庆功祝捷等重要仪式中,狮子舞为主要表演节目之一。"西凉伎,西凉伎,假面胡人假狮子。刻木为头丝作尾,金镀眼睛银贴齿。奋迅毛衣摆双耳,如从流沙来万里。紫髯深目两胡儿,鼓舞跳梁前致辞……"这是唐代诗人白居易《西凉伎》中的诗句,真实地描写了当时的武威狮子舞。从这些精彩的描写中可以看出,当时西凉伎表演的那种光彩夺目、欢跃腾飞的形象,那绚丽多姿、镀金贴银的化妆,还有那迅疾万里、扑天掀地的气势,就是当今凉州乃至全国民间流行的狮子舞。

凉州狮子舞民间称"麻狮舞",也称"耍麻狮子"。一般的狮子舞,是两人合作扮一头大狮子,俗称太狮;一人扮一头小狮子,俗称少狮;另一人为武士打扮,手拿绣球作引导,起指挥调度作用。到目前为止,凉州民间许多地方引狮子的武士,其扮相仍为胡儿装扮,手拿绣球作引导,并先开拳踢打,翻腾跃扑,以诱引狮子起舞。耍绣球引狮子的武士和扮演狮子的人,都要有健壮的体魄、精湛的武功和熟练准确的协调配合,才能得心应手,表演自如。狮子舞在表演前和表演过程中,都要放炮助威。劈里啪啦一阵鞭炮响过之后,在烟雾腾绕中,狮子随着锣鼓点的轻、重、快、慢,忽而翘首仰视,忽而低头回顾,忽而回首匍匐,忽而摇头摆尾,忽而互相追逐奔突,多姿多态,妙趣横生,高明者甚至能模仿狮子的许多动作,如舐毛、擦脚、搔头、洗耳、朝拜、翻滚等,在技巧上,有上楼台、过天桥、跨三山、出洞、下山、滚球、吐球等,均惟妙惟肖,十分逼真。

狮子舞另有一种耍法,即两头大狮子,一雄一雌,雄狮全身为金毛,雌狮全身为绿毛,各率两头小狮子表演。表演的程式基本上与前面相似,但最有趣的是表演到高潮时,雌狮有一场产仔表演。产仔之前,雌狮会有各种产前征兆的表演,如直立、翻滚、摇头、甩尾、动睛、抖毛等动作,表现其分娩前的阵痛和痛苦状态。紧接着,雌狮俯卧在地,浑身颤抖,显得痛苦万状。此时,引狮的武士将绣球摆到雌狮头前,放炮人手提鞭炮,点燃后绕狮子疾速游走一圈。这时,表演场内锣鼓声急促,鞭炮声齐鸣,在烟雾缭绕中,只见雌狮在瑟瑟抖动中渐渐站起,抬腿前行。一抬腿,胯下便滚将出来一只活泼可爱的小狮子,四蹄乱动,欢跃奔腾,脖子上一串金灿灿的小铃铛清脆作响。然后,第二只、第三只,接连产下若干只幼狮。产仔后的雌狮,满怀做母亲后的欢悦,一反前态,与众小狮逗弄嬉戏,亲热异常,观看的人们也欢呼雀跃,共同感悟到了人兽心灵沟通,母子相亲的天伦之乐。

凉州的狮子舞还有一种惊险绝妙的耍法，即高台狮子舞。旧时的高台狮子舞一般都在每年的春节正月，城里由商会出面组织，农村由社火会等组织。表演前，先用特制的长条木凳搭起一座约十米高的方塔。为了保持稳定，凳脚都垫着厚厚的一层麻纸。表演开始，先由舞狮人手执绣球，在塔下的空场中翻一串跟头，耍几样拳脚，然后引出狮子。在锣鼓鞭炮声中，舞狮人攀塔而上，边攀边舞，以各种动作逗引狮子。狮子昂首纵身，在绣球引导下拾级而上，登上木塔，做出各种惊险动作。尤其在攀上塔顶之后，更有一番高难度的精彩表演。表演过后，舞狮人翻下塔顶，狮子口衔木凳，逐层拆卸而下，犹如耍杂技一般，十分惊险。在20世纪90年代之前，在凉州许多地方还能看到高台狮子表演。

第二节　诗词文化

凉州诗词文化中最耀眼的当属《凉州词》。唐代诗人皆以"凉州词"命名创作诗歌为一种时尚，王之涣、王翰、孟浩然、张籍、薛逢、柳中庸等著名诗人皆有《凉州词》问世。"凉州词"是凉州文化的一颗璀璨明珠，凉州亦是中国文人心中永恒的精神边疆。

唐朝以来，出现了大量歌咏凉州诗歌作品，人们泛称其为"咏凉诗"。咏凉诗从作者而言，大抵可分为两种：一种是凉籍作家所创，另一种是非凉籍作家所咏；从创作之地而言，又可分为作者在凉州的创作和身处异乡的创作。在凉州的创作为诗人所见所感，是实景的描写和真情的抒发；身处异镇的创作为诗人所忆所想，是对凉州的向往和感情的记述。这些咏凉诗流传于世，传呼乐章，发人遐想，动人心魄，大凡凉州历史发展过程中的经济、政治、军事、文化和风土人情、山光水态、旅游胜景、历史畅想等都有不同程度的反映。

一、咏凉诗的内容

汉唐时期，凉州是丝绸之路上的重镇，长安以西的通都大邑，中西方文明传播交流的驿站。那时，凡游历天下的文人，途经凉州的官员，云游天下的僧道，经营物产的商贾，戍边卫国的军士纷纷来到凉州，甚至那些梦回萦绕到凉州的大诗人，他们或歌咏，或追忆，或梦游凉州悠久的历史文化和丰富的物产资源，留下了许多脍炙人口的诗篇。灵均台、雷台、天梯山石窟、大云寺、莲花山、金塔寺等，从创建至今，均有上千年的历史，是极为珍贵的文化遗产，历代不少诗人来到凉州都要游览这些文化圣地，并咏诗作赋。此外，凉州一直是中国西北战略要地，历史上一向为兵家所倚重。同时，凉州又是一个多民族聚居的地区，在我国多民族国家的形成过程中，民族间的战争多次发生，自秦汉以来，真可谓"烽火照祁连，鼙鼓声不断"。其中主要有西汉时针对匈奴的河西战役，五凉时期的多次攻伐争夺战争，唐朝对吐蕃的战争，宋朝对西夏和吐蕃的战争等，因此，反映凉州战争的作品为数甚多。

咏凉诗中还有不少作者，虽非名家，但因久居凉州，或者本来就是凉州人，对凉州的山山水水有着细致观察和深刻体验，其作品的内容具有强烈的真情实感和浓郁的地方气息。凉州的田园风光和雪山、大漠、溪流，在他们的诗篇中不仅形象生动，而且令人神往，表现出对凉州和祖国大好河山的热爱。凉州浩瀚、壮阔、雄奇的景象都成为诗人着意描写的对象，黄河、祁连山（天山）、焉支山、长城、阳关、玉门关、大漠等，常常出现在诗人的笔下。咏凉诗人中有不少非凉州籍诗人，他们或到过凉州，或从未到过凉州。特别是唐代诗人中，王之涣、王翰、王维、高适、岑参等，他们不仅到过凉州，而且写下了许多瑰丽的诗篇，深情地描写了凉州特有的自然风光、民情世风、名胜古迹。

二、咏凉诗的精神内蕴及美学品格

咏凉诗呈现出英雄主义、爱国主义和人道主义的精神内蕴，是古代凉州诗词文化中的永恒主题。

汉唐王朝在反击北方和西北游牧民族侵扰，开通并保卫丝绸之路的战争中接连取得重大胜利，甚至深入塞外数千里，因而养成了汉民族勇于进取、善于胜敌、彻底清除边患的英雄气概。同时，在残酷的战争生活中，凉州人感染了游牧民族中的尚武性格。初唐、盛唐时期以文治武功著称，国家强盛，边战屡屡取胜，文人们不时获悉边地传来的胜利捷报，因而向往豪迈壮烈的战争生活。这些文人之中，有的间接了解边塞，有的游历来到凉州及塞外各地，有的入幕从军。这种间接或直接的生活体验与时代精神相融合，因而创作出了许多优秀的咏凉诗篇。细读这些咏凉诗，我们可以体味出诗中表现的爱国主义情怀、文人们希望立功扬名的壮志豪情和高昂的英雄主义精神。

汉唐国力强盛，采取积极的国防战略方针，对外征战屡屡取胜，诗人们既能到凉州（河西）体验生活，又有对战必胜、守必固高度自信，所以表现那一时期战争生活的咏凉诗回荡着以英雄主义为底气的雄浑高昂和慷慨悲壮的爱国主义基调。表现之一是写出了将士们英勇战斗的风姿与气概，表现出对戍边将士的爱国精神与英雄风姿的赞颂。

凉州诗词文化中，表现边塞战争的诗歌中也充满着人道主义与感伤情调，与爱国主义、英雄主义融为一体，体现了边塞战争诗歌中思想的深刻性。这一特点，在咏凉诗中也有集中表现。一是因战争本身的残酷性和多发性，老于军中或血染沙场已成为一种常态。那么多的战士，那么多英俊潇洒的青壮年，一旦从军，境遇好点的是长期不能与家人团聚，老于军中；惨的则是在刀光剑影中倒下，葬身边塞。二是对封建军队中存在的种种矛盾与弊端予以揭露。如为了开疆拓边、穷兵黩武而不顾士兵生死。三是长期戍边他乡，表现出浓烈的思乡之情。可以说爱国主义是咏凉诗的主调，是古代凉州儿女同中原各族人民共同奋斗、凝聚发展的精神支柱；英雄主义和爱国主义在民族发展史上放射着耀眼的光芒，激励着一代又一代人前赴后继，英勇奋进。同时，也在咏凉诗中基本占据主导地位；而人道主义及其对社会黑暗现实的不满以及在此基础上萌生的感伤情调则涵盖了历代咏凉诗中的战争题材。

三、咏凉诗的价值和成就

诗歌史上的创作手法或艺术流派很多，除现实主义与浪漫主义之外，还有唯美主义、古典主义、自然主义等。可以说，任何一种或几种流派都不能囊括咏凉诗。但以是否按照生活的本来面貌来表现主题为标准，将咏凉诗分为现实主义与浪漫主义当是最为简单合理的。咏凉诗中的大部分诗歌以儒家入世精神为主体，描写边塞征战的实景、实况、实情，写凉州的历史和风物名胜，写农家的生活和田园景色，写民族纷争和交流融合等。现实主义当是主要创作原则，但现实与理想相融是人生与艺术的常理，且儒家讲兼济亦讲独善，还有道家、游侠的思想影响。所以咏凉诗中也有以浪漫主义为主或二者的结合亦是一种常态。按时代分，唐代之前的咏凉诗以现实主义为主，且有唯美主义的痕迹，如张骏《东门行》、温子升《凉州乐歌》。盛唐是中国封建社会青春浪漫和成熟的时代，这一时期的咏凉诗表现出了以英雄主义为主体的积极浪漫主义色彩，如王翰、王之涣、王昌龄、李颀、高适、王维等创作的咏凉诗，最突出者当数岑参描写凉州的风物诗，如《戏问花门酒家翁》等。宋元明清时期的咏凉诗既写凉州风物之实，又充满理想情怀，如戴良《凉州行》、张楷《过凉州》等。

与"春雨杏花江南"的江左诗、中原诗不同，属于"西风骏马塞北"的咏凉诗在诗风和美学追求上极具北方风骨的特点。就审美客体讲，凉州景象、凉州风物及凉州生活必然影响审美主体，诗人在咏凉诗中形成了与中原诗歌迥然不同的风格与审美追求。咏凉诗审美客体中恒久不变且最为深远的是凉州的自然景象，而凉州的自然景象多是瀚海大漠、旷野秋草、冰天雪地，还有长风长河长云，其特点是辽阔荒寒，是奇伟雄壮。身处其中的诗人必然产生激昂豪迈、凄清悲壮的情怀，将这些景象化为意象则必然壮伟奇崛，进而形成以大气阳刚为主的风格与审美追求。

凉州景象与江南和中原大异，凉州风物亦然。诗人从军入幕或游历边塞异域，征战生活自然是最能表现北方风骨的主要题材，但边塞战争比起民族间交流融合来讲不是主流，故而在咏凉诗中特别感到新鲜有趣的则是凉州风物和民族间经济、文化的交流。咏凉诗的阳刚之美在思想内容上主要表现为豪迈雄壮的气概，一往无前的精神，慷慨悲壮的豪情，真切深沉的情感，美言之则是富有强烈的英雄主义、爱国主义精神及深厚的人道主义悲悯情怀。在艺术上，咏凉诗则表现为笔力雄健、境界阔大、气象宏伟、语言质朴、音调铿锵、章法跌宕多变，重风骨气势而兼有意境，即孟子所谓"充实之谓美，充实而有光辉之谓大"，也即陈子昂所谓"骨气端翔，音情顿挫，光英朗练，有金石声"。

第三节　金石文化

"祁连磅礴拥孤城，文物当年似两京。"清代武威籍诗人张翙的这两句诗道尽了凉州丰厚的金石文化。纵观武威金石，从数量而言，蔚为大观，是西北地区金石存量最多的地区之一；从形式而言，名目繁多，我国现存碑刻中的各种形式几乎无所不有；从历史、科学、艺术价值而言，珍品众多，不少作品是我国金石中的佼佼者，如匈奴铸造的大型青铜鍑、汉代铜奔马及铜车马仪仗俑、西夏碑、高昌王世勋碑、西宁王碑等；从内容而言，比较客观真实地反映了凉州数千年的历史。概言之，武威金石，是一部浓缩的武威历史，是武威人民的伟大创造和智慧结晶。

一、金石遗存概览

古人向来崇尚立德、立功、立言。立德，即修养良好，道德标杆；立功，即有所作为，建功立业；立言，即著书立说，流传后世。为了更好传扬这些志士伟人的不朽功德，人们便借助"不朽"的金属铭文和石头刻字来记载他们的丰功伟绩，以达到"不朽"的目的。通过金属铭文、石头刻字等，树碑立传成为帝王将相和社会名流的偏好，也成为墓茔中不可或缺的内容。后世之人则借助金文、石刻等来了解人物生平经历，以此管窥地方历史发展的某些生动迹象。

（一）金文

在武威现有的金石作品中，属于"金"的部分主要是鍑、钟、鼎、印、镜、壶、刀、币、锭和佛教造像等，虽然数量不多，但种类齐全。2006年4月27日，凉州区张义镇河湾村出土了一件大型青铜器——虎耳环扣青铜鍑。口径87厘米，腹径109厘米，通高118厘米。口沿下至肩部均匀分布着3个虎形耳，虎作站立状，长身直背，首尾下垂，圆圈形眼，∩形嘴，张口龇牙。下腹部对称分布4个环形系，圈足上分布有对称的3个圆形镂孔。该铜鍑是迄今在甘肃境内发现的器型最大的早期青铜器，具有珍贵的历史文物价值。连同历史记载的匈奴祭天金人，反映出当时匈奴的经济发展程度和高超的金属铸造工艺水平。

武威现存汉代铜镜、铜印和铜钱，虽然数量较少，但反映出武威古代经济的发达、文化的繁荣。古浪县

虎耳环扣青铜鍑

博物馆现藏有一件汉代尚方规矩铭文铜镜，直径16.1厘米，厚0.9厘米。圆形，镜面略呈弧形，色泽青白发亮，光洁可鉴。镜的背面半球形纽，柿蒂纹纽座。规矩纹将镜的内区分为四方八等分，青龙、白虎、朱雀、玄武等神兽瑞鸟居四周，其外双线环带内有铭文42字，镜铭外区饰栉齿纹，镜缘有两圈凸线纹和一圈凹线纹，间夹两圈锯齿纹和一圈双折线纹。整个镜面图案布局协调，配合相映成趣，颇具艺术价值。

现藏的铜印有武威长史印、宣威长印、姑臧右尉印、临松令印等，这类文物虽然数量有限，但反映出两汉时期职官的设置，具有较高的研究价值。

特别是，雷台汉墓出土的铜奔马及铜车马仪仗俑，其造型精美，设计独特，寓意深刻，颇具浪漫色彩，是无与伦比的艺术珍品，堪称我国青铜艺术的巅峰之作。现藏的元代铜壶、铜熏鼎，铸造精美，铭文完整，从一个侧面反映了地方官吏与凉州人民共同参与佛事活动和各民族之间友好相处的社会生活。另外，在凉州发现的古钱币达15万枚之多，有汉代半两、货泉、五铢，唐代开元通宝、乾元通宝，五代的乾德通宝、汉元通宝，南宋的建炎通宝、绍兴通宝，西夏福圣宝钱、天盛元宝等。在武威出土的最珍贵的铸币当数凉造新泉。据专家研究，凉造新泉是五凉时期凉州本土铸造的钱币，是当代钱币界所瞩目的罕见钱币之一，被称为中国古代钱币宝库中的一颗明珠。

唐代大云铜钟古朴精美，钟声洪亮，钟高2.26米，重约5吨，下铸6耳，钟体图案分上、中、下三部分，每部分又分6格，分别饰以飞天、天王、力士和鬼族，线条流畅，神态逼真，是罕见的铸造艺术珍品。

在凉州出土的西夏钱币殊为珍贵，特别是西夏铭刻计量银锭和西夏文钱。在出土的22件银锭中，有17件锭面有铭文及戳记符号，填补了西夏使用银币有记载而无实物的空白，是研究西夏经济发展和铸币的第一手实物资料。

（二）石刻

碑在凉州金石中占大多数，从形式上划分，有碑记、墓志、铭序、墓表、圹志等；从内容看，主要有如下五类：

颂功记事碑刻　这类碑刻主要是墓志（神道碑）及功德碑、世勋碑、孝廉碑、烈（贞）女碑等，记载达官显贵及其家族的历史、功勋和清官良吏、忠孝节义之士（女）的事迹。历史上的武威大族世家众多，如段韶家族、安氏家族、契苾何力家族、论弓仁家族、吴允诚家族、达云家族、李栖凤家族等，民勤王氏、马氏、彭氏家族，古浪毛忠家族、张起鹍家族等；烈士武臣如苏敬、徐廉、张达、李义、张烈等，文苑精华如阴铿、李益、余阙、张美如、张澍、李于锴等，著名清官良吏如祁光宗、武廷适、范仕佳、欧阳永祎、徐思靖、杜振宜、文楠、王赐钧、陈佳英、铁珊、张兆衡、康陶然等；正史不载的武威籍名将巨宦姚辩、巩宾、张琮、翟舍集、郭千里等；还有不少公主、诰命夫人和贞民节妇等。这众多的历史名人群像，从武威碑刻中都能领略到他们的功勋业绩和精神风采。另外，武威的一些汉族姓氏和由少数民族姓氏演变而来的单、帖、铁、妥、朵、脱、火、鲁、论、若干（苟）、毛、他等姓氏，还有对丝绸之路产生重要影响的西域粟特"昭武九姓"之康、安、曹、石、史、翟姓等，大都可以从武威碑刻中找到源头来历。

寺庙宫观碑刻　这类碑刻一般立于寺、庙、宫、观、祠堂、坛台等处。武威寺庙宫观众多，大凡规模较大者都有碑刻，记载其肇建、重建、修缮等情况。如《重修凉州白塔寺志》《建塔记》《重修凉州卫儒学记》《重修武威文庙碑记》和《重修文庙创建庙产碑记》《海藏寺藏经阁记》等。明清时期，寺庙遍布城乡，特别是敕建寺院较多，如清应寺、大云寺、罗什寺、白塔寺、海藏寺、上应寺（莲花山）、金塔寺、广善寺（天梯山石窟）、安国寺、福寿寺等。这些寺院规模宏大，高僧云集，多为河西乃至西北名刹，且集中了许多著名的寺庙碑刻。除儒、佛、道之外，武威是河西天主教、基督教、伊斯兰教传播较早的地区，祆教、景教、摩尼教、萨满教等古老宗教在凉州也有很深的足迹，唐代凉州的祆神祠规模较大，武威康氏、安氏、史氏曾为祆教萨保。因之，也保存了这方面的一些碑刻。

少数民族碑刻 武威是少数民族活动的重要地区，保存了较多且在金石文化史上占有重要地位的少数民族碑刻。弘化公主墓志碑出土于凉州区青嘴喇嘛湾，志盖60×60厘米，志身56×56厘米。一合，正方形。志身楷书，25行，满行24字。志盖盈顶式，正中篆书三行九字："大周故西平公主墓志"。四斜面，线刻缠枝花纹。另有慕容氏王室的9通墓志，为研究唐王朝的民族政策、民族关系和吐谷浑民族的历史、家族世系、民族融合等提供了珍贵的资料。元朝虞集撰写的《高昌王世勋碑》和危素撰写的《西宁王碑》，叙述了回鹘人的起源和变迁，受到国内外史学界的重视。《西宁王碑》出土于凉州区永昌镇，碑通高5.8米，宽1.6米，厚0.45米；由碑座、碑身、碑首3部分组成；碑座为龟趺、碑首刻蟠螭；碑立于元至正二十二年（1362年），由元代光禄大夫、中书右丞国子监大都府学陈敬伯篆额"大元敕赐西宁王碑"八字，由通奉大夫、中书参知政事危素撰写碑文，由光禄大夫滕国公、集贤大学士张瑾书丹；全文共32行，满行63字，碑正面为汉文，背面为回鹘文。《高昌王碑》出土于凉州区永昌镇，仅存碑首及碑身中段；碑首雕刻为蟠螭，残高1.30米，宽1.80米，厚0.52米；碑身残高1.82米，宽1.73米，厚0.47米。正面为汉文36行，每行残存41字，字体端庄浑厚；背面为回鹘文，碑文由元代著名学者虞集撰文，礼部尚书巙巙奉敕书丹，翰林学士承旨奎章阁大学士赵世炎篆额。这两碑文的史料价值极高，是研究高昌回鹘历史、语言及高昌王、西宁王家世的珍贵资料。《重修护国寺感通塔碑铭》是目前中外学者研究西夏文字和西夏历史文化最完整、最系统、最重要的实物。隋唐时期的《姚辩墓志》《康阿达墓志铭》《论弓仁碑》《史思礼墓志》《安元寿墓志》《李抱真墓志》《契苾明碑》《翟公墓志》，元代的《孙都思氏世勋碑》，明代的《恭顺伯吴公神道碑》等，记载了武威众多的少数民族俊彦的生平及其功业仕宦，对研究民族迁徙、民族融和、民族文化、宗教信仰及婚姻关系、姓氏演变等极具学术价值。

社会生活碑刻 主要有水利碑、祭田（水、龙）碑、简史碑、书院碑、庙产碑等，反映社会生活的各个方面。大量的水利碑刻记载了武威的水利沿革、祭水、分水、水系、水利资产、兴修水利、水事诉讼与调解判案等方面的内容，对今天的勘界、水资源普查、水文气象研究、矛盾纠纷调处具有重要的参考利用价值。如《敦节俭条约碑》《大清中堂宪节捐资养羊济贫碑记》《甘肃布政使徐杞为请免柳林湖等地屯户借欠钱粮事奏折》《凉州卫忠节祠记》《重修节义祠碑记》《修建三皇庙记》《建置书院碑记》《创设古浪龙山书院碑记》等。

岩画和造像 武威现存岩画主要分布在凉州区和古浪县，虽然存量不多，但为武威增加了一种重要的石刻文化类型，具有极高的研究价值。凉州区西营镇甘泉沟石马踢战岩画，在约4平方米的岩石上，画有一牛二鹿三马和数羊。松树镇莲花山岩画，按图形为动物和太阳。莲花山兽纹石浑然天成，似一只猛虎卧于山坡。因刻有狼、鹿、牛、羊、马诸形，故称为兽纹石。古浪县大靖镇昭子山岩画，分布于长约30米，高约10米的黑色石壁上，面积约4平方米，有羊、狗、人面等图案，蕴含着太阳崇拜、动物图腾崇拜、巫神崇拜、山石崇拜等内容，也有反映太阳变化及气候、生态环境方面的内容。另外，在武威境内还保存有数量不多的造像，如杂木寺石崖造像、古城石佛造像、天梯寺大佛、高兴寺释迦牟尼石造像、北凉石塔、天尊石造像、大河驿释迦佛铜造像、铜佛寺萨班造像、接引寺铜佛像等。在这些造像中，以明万历年间铸造的较多，铸造技艺高超，具有很高的艺术价值。

二、金石文献价值

武威文物资源丰富，碑志遗存众多，内容非常广泛，门类比较齐全，涉及历史上的政治军事、社会经济、文化教育、民族宗教、家族宗族、名胜古迹、扶贫济困、山川地理、对外交往等珍贵信息，从多方面反映出当时的历史文化，由此展现出武威历史文化的新史料、新视野、新线索、新视角、新内容，为凉州文化研究提供可信资料和重要补充。

（一）发掘地方治理与社会发展的新史料

水务与矛盾纠纷调处　清康熙三十九年（1700年）的《凉州卫高头坝与永昌卫乌牛坝之争水利碑》、同治十三年（1874年）《判发永昌乌牛坝武威三岔与镇番蔡旗用水执照水利碑》和乾隆十四年（1749年）的《首四坝水利碑》对于三地依照水系分水、配水、纳粮，对公平用水、减少用水纠纷发挥了重要作用。乾隆五十一年（1786年），知县文楠勒石为《各坝水利碑》，在镇番县影响深远。光绪年间，在处理镇番县与武威县的水事案件中，产生了两件影响后世的"铁道判案"（碑）。"文公定案"和"铁道判案"是特定历史条件下的产物，影响着武威水利的公平公正，受到后世的普遍赞同。此外，明代镇番名士杨大烈《镇番水利图说》、乾隆十四年（1749年）《屯坝水利碑》、乾隆四十二年（1777年）知县杨有澳《红沙梁水利碑》、民国九年（1920年）知事刘朝陛《洮沙湾水利碑》等，对配水、征粮、务工、耕作、自治自律等，具体明确，合情合理合规，具有很强的规定性和操作性，也是古代处理水事纠纷的重要参考。乾隆八年（1743年），古浪县令安泰勒《渠坝水利碑》，记载了清代古浪各渠坝额粮、额水及水闸口尺寸等水政情况，是合理用水、依法治水、调解水利矛盾的法规依据。嘉庆二十二年（1817年）《长流川六坝水利碑记》记载，在二坝的水利争讼中，历任官员秉公调解水利矛盾，减少了许多民事纠纷。乾隆四十五年（1780年）《裴堡池塘水利碑》和光绪二十三年（1887年）《裴家堡水利雨源池塘碑记》，简述了农官、镇绅、镇民出资并督率民众修浚水利设施的事迹，是社会治理中群众自治水利的佐证。

减负与扶贫济困 晚清时期官府所立的《严禁裁卖田产碑记》《奉宪豁免采买六渠麦草以除民累勒石永禁碑》《甘州凉州摊派麦麸草料马匹永远禁革碑记》，是由县令、道台签批的通告（规约），内容是切实打击不法行为、维护商业秩序、减轻人民负担、取消中间盘剥等弊政的有益措施，意在威慑防范危害社会稳定和加重人民负担的行为发生，并立碑警示，晓谕百姓，深受百姓拥护。《倡捐社仓记》《禁革老人记》《增建义学记》三篇碑文，是古浪县知县徐思靖带头倡捐、革除弊政、建立义学的大胆实践，也是社会治理的作为与效果。《甘肃镇番县民柴彪奏请移民碑》体现出古代士人在社会治理当中遇到问题勇于面对、敢于担当的精神。这些碑刻，为研究晚清时期民勤社会经济状况提供了有价值的史料。光绪年间《大清中堂宪节捐资养羊济贫碑记》，记录了一位途经凉州的京城高官扶贫济困的实践，显见古代扶贫之斑迹。

赋税征缴与契约精神 民国初年，武威县县长康陶然受到镇贤的启发和鼓舞，不断向上反映"更名地"问题，免除了本应由百姓负担的大额申报费用。百姓感恩戴德，自愿为他建生祠、塑肖像，永久纪念。《祁公永思碑记》《康公生祠记》在反映地方官员社会治理的同时，表达了人民群众对清官良吏的渴望与拥戴之情。嘉庆二十一年（1816 年），由嘉道名臣王鼎撰写的《陕西同州府蒲城县众姓捐资题名碑记》，详列陕西蒲城商人为凉州陕西会馆祭祀关羽自愿捐赠者商号及个人达 142 家，说明当时武威的商业不仅特别发达，还具有很强的开放性。《清重修陕西会馆碑记》开列了施银商号（个人）157 家，捐银达 2373 两。反映出武威商贾辐辏、经济繁荣的景况。康熙五十九年《始置名宦祠祭田碑记》，乾隆十六年《重修文庙祭田碑记》等，详绘出祭田地契及面积、四至，载明买卖双方人员、中人等。乾隆十五年《城隍庙甬道学产执照碑记》，对学产的铺面一一详载，碑阴还刻有四张印照。所有这些，强化了捐资助公、助学的社会行为，具有法律保护和道德示范的双重作用；凡事勒碑记事，体现出一种社会契约精神。

移风易俗和乡贤文化建设　乾隆十年（1745年），武威知县欧阳永裿撰写《敦节俭条约》，倡导绅衿士庶共同遵守。乾隆十六年，镇番知县江鲲和凉州知府何德新分别为民女杨氏撰写《烈妇杨氏墓碑》《高节妇墓志铭》，对出身贫困，因打工受辱而被害的杨氏给予深切同情和高度评价，具有典型教化的社会意义。欧阳永裿的《烈女凤姐墓碑》，具有同样的教化作用。明正德十三年（1518年）《劝忠祠碑记》，歌颂古浪操守严玺忠勇任事、以身殉国的精神。嘉靖二十七年（1548年）《孝行碑记》，赞颂山丹卫儒学训导石韫璧教书诲人及孝亲、好学的优良品质。道光十九年《旌表席氏九世同居碑》，旌表席氏家族九世同居、睦族敦宗之风尚等，无不在社会治理和社会风俗改造与建设中发挥着积极的引导作用。

勘界与文物保护　武威现存8通勘界碑，是研究行政区域界线的第一手资料。康熙二十三年（1684年）《道批勘验地界碑》，是清代凉庄道给下级的批文，记载了树立界碑的背景、限期恢复要求及四至范围。乾隆三十九年（1774年）《古城村番汉交界碑》，是当时凉州府与庄浪军为划定番汉地界而刊立，记载了划界及双边诉讼、纠纷调解等相关情况，是研究清代天祝边界划分的重要资料。清咸丰元年（1851年）《马厂番地界碑》，是研究清代松山草原地界划分的实物资料。1945年的《军政部永登军牧场纪念碑》，是研究山丹军马场建置沿革、界址范围的第一手资料。清康熙七年（1668年）设立甘肃布政使司，奠定了今日甘肃省的基础。1941年，正式划定了以大通河为界的甘青两省边界。两通《甘青划界碑》，提供了甘青分省的相关历史。民国年间所立《武威县—永昌县界碑》，见证了勘界的历史延续传统。

（二）开拓寺庙保护与宗教研究的新视野

武威大云寺唐代铜钟及钟楼为大云寺增添了辉煌而神秘的色彩，另有4通著名碑刻则开拓了宗教文化研究的新视野：原保存在大云寺的《西夏碑》影响巨大，是研究西夏历史文化的重要实物。《增修大云寺碑记》则见证了中日佛教文化交流的历史渊源，《重修大云寺钟楼碑记》记录了古钟楼凤凰涅槃的历史，《凉州卫大云寺古刹功德碑》属武威历史上最早的寺院碑刻。清应寺姑洗塔，相传藏有佛祖舍利，《广宏明集》《西夏碑》等文献、碑刻都有记载。《重修白塔碑记》云："昔阿育王造塔八万四千，而震旦国中立有塔十六座，甘州之万寿塔与凉州之姑洗塔居其二焉。"现存碑志7通，简述了寺院的历史演变、修缮保护等情况，是今天全面了解其历史与现状的第一手资料。唐代《罗什寺地址石碣》是最早维修罗什寺碑碣，《重修罗什寺碑》记录了明永乐年间的一次重修，康熙《罗什寺碑》可谓寺院修缮简史。明正统年间《重修凉州广善寺碑铭》，用藏汉两种文字书写，寺院由镇守甘肃太监刘永诚主持重修，对研究藏传佛教传播、明朝的太监制度具有重要价值。《成化御敕修海藏寺碑记》为皇帝护寺诏谕，《重修海藏寺碑记》记载了明朝太监张睿联合地方军政官员、自己承担主要费用修寺的情况，寺内还建有道教殿宇，佛道相间，奠定了海藏寺的规模。《海藏寺藏经阁记》记载了住持际善法师历时八年赴京求取大藏经的盛举。莲花山及周边老爷山、石城山一带，现存碑志11通，简述了莲花山及周边佛道寺观的历史演变、修缮保护等，是全面了解莲花山及周边历史的第一手资料。

（三）提供人口迁徙与姓氏播迁的新线索

据《元和姓纂》记载，从西汉段贞任武威太守起，段氏始居武威，子孙开始繁衍，至九世段颎，成为凉州大姓。自此，"仕官累累，簪缨不绝"，造就了一批青史留名的家族精英，如段颎、段承根、段荣、段韶、段秀实等。

贾姓出自姬姓。武威贾氏远祖为西汉政论家贾谊。据张澍考证，贾谊九世孙贾秀玉，东汉时任武威太守，子孙始居武威并繁衍发展为望族。自此，贾氏子孙在武威创家立业，历代英才辈出，如贾诩和贾穆、贾访、贾思伯、贾思同、贾思勰等大名鼎鼎的人物，使武威贾氏声名远播。

阴姓源于西周管仲后裔，后在河南南阳发展为望族。东汉卫尉阴纲之孙阴常徙居武威，南北朝时显赫一时，有阴铿、阴仲达等众多名人，形成武威郡望。北周至隋，有名将阴寿、阴世师父子。之后几无名人，张澍对此由衷叹曰："吾凉阴氏……多有显著，功业、文章、节义均可师法，今则寥寂矣。噫！"《邠王府长史阴府君碑》则勾勒出阴氏源流及散播的脉络及其显赫家族。

李姓姓源较多，唐朝是李姓发展的鼎盛时期，赐姓、改姓众多，族群迅速发展。陇西李氏以武阳、武威、敦煌、丹阳四房为最，英才辈出。综观碑志和文献史料，武威李姓源出主要有五支：一是姑臧大房武威李，二是唐朝对平叛有功的武威粟特胡人安氏赐姓李，三是西夏党项李氏后裔，四是明末清初扬州籍李栖凤家族在武威迅速崛起为显族，五是从山西大槐树移民之李姓。数支"李"氏队伍融入武威，形成今天庞大的武威李姓。

张姓源头和郡望众多，仅甘肃就有武威、敦煌、安定郡。安定望族张轨在武威建立前凉国，立国76年，为大量张姓落籍武威并繁盛奠定了基础。武威保存的张姓碑志较多，如张琮、张达、张烈、张澍、张兆衡、张澂等，皆本邑名人。清代张希颜、张俊哲父子祖上来自南京，给繁衍生息逾千年的本土张氏注入新鲜血液。蒙元时期显赫如回鹘高昌王家族，元亡后逐渐汉化，部分改姓张氏。

梁姓最显赫的家族是东汉以梁统家族为首的安定乌氏梁氏。东汉初年，酒泉太守梁统和河西诸郡太守起兵保境，共推窦融为河西大将军，梁统任武威太守。后窦融归汉，梁统入朝为官。安定梁氏从梁统开始100多年间，前后三位皇后，六位贵人，九人封侯，高官不计其数，成为东汉外戚中最大的专权者。梁冀遭灭门后，梁氏一门分散各地，武威出土的墓志《前秦梁舒墓表》，是梁氏族人散播武威的有力佐证。

（四）呈现中外关系与民族融合的新视角

武威现存碑志中有许多民族内容，粟特碑志多为域外来华者之志，羌族、鲜卑族等碑志为华夏大地固有民族之志，这些碑志记述了他们融入中华民族大家庭的历史过程，反映了中原王朝以其强盛的国力和厚重的文化，推动实现中华民族多元一体格局的历史趋势，为研究中外关系与民族融合提供了十分珍贵的资料。姚辩系后秦王室羌族后裔，既是贵族又是望族，但《隋书》无传，《姚辩墓志》实际上就是一篇姚辩传记，可补无传之漏。姚辩一族是武威姚姓的重要源头之一。《纥单墓志》是研究鲜卑贵族纥单家族及其姓氏流源的重要依据，《若干元墓志》是目前保存的鲜卑贵族若干姓氏的难得资料。"纥单""若干"是历史上少见的姓氏，后来分别汉化为单姓、苟姓，使原有的华夏古老姓氏又多了鲜卑族流源。吐谷浑属鲜卑族一支，武威现发现三处吐谷浑王室墓葬群。西夏灭亡后，许多党项人融入当地民族。世居武威的党项族人余阙，因元末死节而名闻天下，其子孙播迁各地皆以余阙为得姓始祖，武威成为余氏公认的郡望。元人贾伯良作《余阙碑》纪其事，文学家宋濂为其立传。吴允诚家族以忠节显名，封赠不断，一直延续到清初，长达七代，是武威乃至河西地区历时最久、影响最大的蒙古族显贵世家。《吴允诚神道碑》《阜成寺碑记》可补正史阙佚。今武威姓氏中，与蒙古族关系密切的还有帖、铁、妥、朵、脱、火、鲁等姓。

康国是昭武九姓的宗主，来华者最多，成为中国康姓的一大源头。《康阿达墓志》载，粟特康国一族当为武威康姓的重要一支，后融入中原汉族。《曹庆珍墓志》记载曹庆珍，祖籍安徽亳州，世居凉州。有学者认为他就是大凉国首领李轨的首要谋臣曹珍，亦为粟特后裔。《史思礼墓志》则记载史思礼属昭武九姓，官至右龙武军翊府中郎将、上柱国等情况。

（五）填补文献记载与历史研究中的缺佚

碑志在考证历史事实、补正史籍阙载、纠正史籍舛误等方面，都具有非常重要的价值。《松山平虏碑》《荡空松山碑记》《定松山碑》《三眼井堡记》《大明碑》《重修奶子佛碑》，对明万历二十六年官军剿除边患的松山大捷以及收复松山善后，记载比较周详，描画了松山战役的主要组织发动者田乐、李汶和刘敏宽、梁云龙、达云等主要将领，补充了许多史料，特别是对武威籍名将达云在此战役中的表现有了直接的战地记录，既补充了正史之阙佚，也避免了正史之刻板。治理战争创伤历来是社会治理的一大难题。《副总戎刘友元平逆回碑》记载，刘友元在平叛期间，"禁兵骚扰，屏绝民词，清廉正直，军伍闾阎，一丝一粒，戒严四知。"可以说，大军所至，秋毫无犯，赢得了百姓的交口称赞。

第四节　非遗文化

非物质文化遗产是中华优秀传统文化的重要组成部分，积淀着中华民族最深沉的精神追求，是当代文化发展与创新的源泉，也是人类文明的瑰宝。武威非物质文化遗产资源丰富，种类繁多。自2004年，国家启动非遗保护工作以来，武威市大力挖掘整理文化资源，截至2021年，共有国家级非遗保护名录7项，代表性传承人7名；省级非遗保护名录22项，代表性传承人45人；市级非遗保护名录59项，代表性传承人55人；县（区）级非遗保护名录235项，代表性传承人374人，构建起了完整的国家和省、市、县四级非遗名录体系。本节主要介绍7项国家级非遗文化。

一、凉州贤孝（曲艺类）

凉州贤孝据说其创始人为清朝年间今凉州区长城镇红水村一位姓盛

（一说为沈具玉）的落第秀才。科举上的挫折并没有成为他艺术道路上的阻碍，他所开创的贤孝演唱广泛流传于武威城乡及金昌、张掖、酒泉等地，一般由艺人们师徒间口传心授，也有一些本人即兴创作。从事凉州贤孝演唱职业的艺人，大多是盲人，特别是以先天盲者占多数。为了谋生，一些盲孩子便自幼从师学艺，学成之后走街串村四处卖唱。因演唱乐器主要是三弦，所以当地人称之为"瞎弦"，尊称为"瞎仙"。

凉州贤孝的内容主要以述颂古今英雄贤士、淑女节妇、孝子贤孙、帝王将相、才子佳人故事为主，寓隐恶扬善、喻时劝世、因果报应、为贤行孝等内容于其中，故名为"贤孝"。

凉州贤孝的演唱形式由说白、诵唱和伴奏，成员不定，一般由1人完成，也有数人搭班子演唱的，即"瞎弦"主讲主唱。另有一二人吹笛子、拉二胡或敲碟子、梆子、木鱼等伴奏击节，或有数人合唱最末一句以渲染气氛，谓之"接后音"。

凉州贤孝的唱词以凉州方言为主，幽默风趣，通俗生动，富有生活气息，又蕴含人生哲理。因此，它是凉州本土所独有的、不可替代的一种民间文化形式。在演唱中，艺人们为了活跃气氛或调动听众情感，有时还进行即兴创作。凉州贤孝说白诵唱自由多变，不拘一格。让每一次现场演出都有不同之处，都为不可复制的"绝唱"。说词主要是配合唱词讲故事，多用于穿插、追叙、对话等，多以七字为

凉州贤孝

主。凉州贤孝的音乐保留着许多古老的唱腔曲牌，吸收了西北民歌的丰富营养，充满着浓郁鲜明的地方色彩。其节奏朗朗上口，易于传唱，并能由人即兴发挥。凉州贤孝的曲调比较丰富，唱腔有高、平、低之分，音有花音、苦音之别。一曲中唱腔往往紧跟唱词故事节奏，扣人心弦。

凉州贤孝的唱本非常丰富，多以古典、传统的内容为主。在演唱中，根据听众构成和季节特点，分段子和大戏两种。段子内容较少，多为一事一唱，在百姓日常生活小故事中加入大量的说教、劝诫内容，直抒胸臆，简洁明快。大戏一般有家书和国书两大类。前者以反映人情世故、悲欢离合的生活故事为主，如《白鹦鸽盗桃》《丁郎刻母》《汗巾记》等；后者以帝王将相、国事兴亡为主要内容，如《隋唐英雄传》《薛仁贵征东》《杨家将》等。在时代发展的同时，凉州贤孝勇于创新，反映近现代的政治事件，如《打西北》《解放武威》《鞭杆记》等。

凉州贤孝是一种极富地方特色和民族传统的民间演唱艺术，直白自然，原汁原味，无矫揉造作之感。由于其创作群体、方式和流传方式的局限，个别唱本中亦有一些迷信的、甚至淫秽的东西。近年来，经过文化工作者的挖掘、整理、取精华去糟粕，艺术质量有了很大的提高，对弘扬民族传统优秀文化、宣传历史文化名城武威起到了积极的作用。

二、河西宝卷·武威（民间文学类）

宝卷源于佛教传播过程中的唐代变文、宋代说经。因其听众的扩大，逐渐使其发展成为一种民间文化活动，在河西一带极为盛行。武威市凉州区的谢河、张义等乡镇，是念宝卷较为集中的地方。因宝卷蜕化于变文，二者较为相近。但变文主要吸收了印度佛经的结构形式，内容也以佛经故事为主，而宝卷则在继承的同时加以发展，使之更加民族化、地域化、平民化，成为地地道道的中国民间传统讲唱文学的一种。为吸引听众，达到说教目的，宝卷十分注重情节结构，多采用更能引人入胜的连环式手法来创作故事，使情节更显波澜起伏，环环紧扣，并且通过离奇的情节吸引听众。

宝卷的主要形式是韵白结合，有说有唱，相辅相成，互为补充，不仅能吸引广大听众，同时还能起到一唱三叹的艺术效果。宝卷的语言具有浓厚的乡土气息，特别是大量使用方言俗语，既通俗易懂，又显得亲切自然，在表演过程中拉近了与听众的情感。其中，白话是念卷人为了叙述故事情节而采用的一种表演手法，相当于戏曲中的道白；韵文则是念卷人为了抒发爱憎感情，烘托渲染气氛而吟或唱的。宝卷唱词有五言、七言、十言不等，乐器有三弦、琵琶、笛、鼓等，传播方式仍然以师徒口传心授的传统为主。形式上一般分三部分，主体是正文。卷首一般都是定场诗，即开卷部分，以赋比起兴起到预示故事情节发展走向的作用，如"池塘水满今朝雨，叶落庭前昨夜风。今日不知明日事，人争闲事一场空"；然后以白话"却说……"开头，进入正文部分；结尾部分一般都是遵照传统的收场诗，由于内容都是总结、点题、警世的，故又称劝善诗，类似于变文中的偈语、偈赞，如"男为孝心，女为贤良""事事都顺不骗人"，有总结主题的作用。听众到此处，从开卷听到正文，再从正文听到收场词，感受完整的表演过程，全部的教育意义也就一目了然。

念宝卷的调子很多，可惜后来大多失传了，现在仅存的有"哭五更""莲花落"等不多的一些民歌俚曲。为了丰富吟唱曲调，凉州宝卷的讲唱者又吸收了凉州贤孝中的相关调子，新鲜活泼，别有风味，从而有异于其他地方的宝卷。宝卷内容基本上分四类：一是反映宗教题材的，包括佛教、道教和儒家传统思想在内的内容，这是唐代变文和宋代说经的沿袭和衍化，如《目连三世宝卷》《劈山救母宝卷》《天仙宝卷》等。二是反映历史内容的，包括历史事件及历史人物，其间也夹杂少许宗教内容，如《白玉楼挂画宝卷》《薛刚反唐宝卷》《精忠宝卷》等。三是反映社会日常生活的，包括家庭和社会道德、婚姻生活、生产劳动等内容，如《鹦鸽宝卷》《红灯宝卷》《武松杀嫂宝卷》等。四是反映理想生活内容的，大多取材于民间传说故事，如《孟姜女宝卷》《梁山伯宝卷》《白蛇宝卷》等。现在留存于世的宝卷脚本，数量大约有六七十种，且与凉州贤孝的唱本在故事情节和语言运用方面有许多相同之处，互为映衬，互相借鉴。

凉州宝卷还有大量反映人民群众切身的社会生活的内容，主题是谴责忤逆，规劝孝道，隐恶扬善，寄托理想，但也有一些宣扬封建迷信、因果报应、神灵鬼怪的。宝卷通俗易懂，寄寓着人民群众发自内心的喜怒哀乐和他们的理想与追求，也唯其通俗易懂，寓教于乐，才深深地植根于群众，世代相传，经久不衰。

三、凉州攻鼓子（传统舞蹈类）

攻鼓子也称滚鼓子，是流行于武威市凉州区北乡一带主要是四坝镇的一种民间鼓乐舞蹈。据说这是一种古代军旅出征的乐舞遗存，也有人认为是为阵亡将士超度亡魂、祈祷神灵的古老鼓舞流传。四坝攻鼓子，与一般腰鼓、扇鼓、太平鼓的风格迥然不同，演员的服饰以黑色为主，阵法多种多样，常见的有奔、腾、跳、挪式的对打、互打等，舞姿庄重雄浑、气势磅礴，从它的服化到表演，都给人以威武雄壮、粗犷豪放的美感，具有强烈的西部特色。

攻鼓子的表演特点是打起鼓来要手到、眼到、神到，姿态潇洒，干净利落，稳健大方。它的基本打法可以用四句口诀来概括："双手胸前划弧线，交错击鼓轮换翻，上前踏地凭脚力，挺胸抬头身不弯"。试想，一队雄浑的古代武士，黑衣、黑裤、黑靴、黑幞头，身背羊皮长鼓，手执枣木鼓槌，在一阵由轻而重，由缓而急，初似铮钬流泉，渐如惊雷奔电的隆隆鼓声中起舞，那脚上整齐划一、沉着稳健的步伐，脸上一往无前、冷峻刚毅的神情，手上力贯千钧、震人心魄的击鼓动作，还有那忽而如雁翎般展开、忽

凉州攻鼓子

而如长蛇般疾冲、忽而旋走太极、忽而列成方阵的进退变化,把人们带进了金戈铁马的古战场,如闻刀枪撞击,如亲临铁骑突奔而来。表演攻鼓人数不限,多由数十名到上百名精壮男子组队,之前每年正月,由社火队组织,走乡串户进行表演,有时还要进行会面击鼓表演,叫作"会鼓子"。会鼓子的场面十分壮观,每队鼓子都有一个领队指挥,几十队、甚至上百队鼓子汇在一起,由数十面大鼓配合协调节奏,外加锣镲烘托气氛。几百人同敲一个鼓点,同走一种步伐,交响乐般大平衡里冲突、对抗隐藏其中变幻莫测,形成一种排山倒海、雷霆万钧之气势。现在,攻鼓子已作为地方特色鼓舞,参加各种节令表演。

中华人们共和国成立后,文化部门对凉州攻鼓子进行了系统的整理和革新,使之日臻完美,并多次参加省内外的节会表演,因风格独特、气势恢宏而屡次获奖,被誉为西部"鼓魂"。

四、华锐藏族民歌（传统音乐类）

华锐藏族，世居于甘肃省天祝县，在地理文化意义上还包括甘肃省肃南县、青海省门源县的仙米镇、珠固镇以及互助县、大通县的部分地域。华锐藏族民歌作为华锐传统文化的一个重要组成部分，早在藏文字出现以前，就以口头文学的形式在民间广泛流传，并以唱词洗练，极富文学性，旋律优美动听而著称。最初发源于当地群众的口头创作，自7世纪藏文字应用推广后，经文人整理、提炼和再创造，更具艺术感染力，从而进入新的发展阶段。

华锐藏族民歌在表现形式上，主要分为勒和拉伊勒，也称酒曲、家曲。句数不等，有三、五、六句，多至十余句，每句的音节相等。段与段、句与句之间相互对仗，形成了一种相对稳定的程式。在8世纪，这种民歌形式就有了文字记载。

从内容方面来看，华锐藏族民歌有劳动歌、生活歌、学问歌、历史歌、叙事歌、舞蹈歌、情歌等。特别是情歌有在日常生活、劳动中建立的深厚感情的表白，有对封建婚姻反抗的大声疾呼，有寻求幸福爱情的深深渴望，也有恋人失意的痛苦……凡此种种，以极其细腻的方式向人们呈现了藏族青年男女间的情感历程。

劳动歌是在平时的劳动生活中唱的，其内容反映了劳动项目、方法等，引人激发劳动兴趣、情绪、缓解疲劳，反映了当地居民热爱劳动，勤劳吃苦的品质。生活歌内容广泛，反映了生活的方方面面。大略有见面歌、赞颂歌、临客歌、兴世歌、酒歌、逗趣歌、讽嘲歌、祝福吉祥歌、思恩歌等。学问歌主要有《医药歌》《天文历算歌》两种。前者采用问答方式，介绍了800多种治疗各种疾病的藏医药药物和施药知识，后者唱天文历算方面的学问，是研究藏族古代医学和天文历法的珍贵资料。历史歌保存下来的有《创世纪》《格萨尔大王歌》等，都非常珍贵，其中《创世纪》在天祝藏区流传很广，影响颇大。叙事歌亦有极具民族特色的情节、人物，但流传下来的数量有限，且大多已失传。舞蹈歌主要有则柔、锅庄。则柔是一种表演歌舞，两妇女演唱、四人以上的男子集体歌舞、男女对唱表演三种形式。华锐藏区原生的锅庄歌舞已不多见，流传的多是由康巴藏区和青藏区流传而来的。

华锐藏族民歌源远流长，自成体系，艺术手法上和其他民歌既有着共同性，也有独特之处，常用的修辞手法有比喻、拟人、夸张、双关、联想，形式上以格律体为主，非常讲究韵味。华锐藏族民歌以其特有的民族风格和民族情感，奇妙丰富的想象，生动朴实的语言，通俗易懂的唱词，抑扬顿挫的音调，在民间传唱，生生不息，散发着浓郁的生活气息，是一幅反映华锐藏族语言、生活习俗、风土人情、理想愿望的历史画卷。

五、天祝土族《格萨尔》(民间文学类)

《格萨尔》是中华民族文学艺术中的一块瑰宝，是目前世界上发现的最长的英雄史诗。它起源于藏族，后来传播到蒙古、裕固等民族，并在传唱的过程中艺术家们不断进行修改、补充、再创造，逐步形成具有本民族特色、渗透本族文化的英雄史诗。天祝土族《格萨尔》源于藏族《格萨尔》，却又不同于藏族《格萨尔》，具有鲜明的土族特色，蕴含着大量的土族传统文化。现在天祝土族《格萨尔》的蕴藏量仅次于藏族《格萨尔》和蒙古族《格斯尔》之后居第三位。天祝土族《格萨尔》主要讲述格萨尔从神子到人子，从天界降临到人间，从一个普通的人到部落首领，尔后，降妖除魔，反对侵略，保卫家园；扩大财富，改善生活，带领百姓从畜牧到农耕，从贫困走向富裕的过程，艺术地再现了古代土族人民的发展史。

天祝土族《格萨尔》是以诗歌和散文、吟唱和道白相结合的方式将现实生活中的故事、神话、谚语、格言等融为一体进行传唱，用藏语演唱，土语道白或解释（有时也用汉语解释）。演唱前后均要煨桑点灯，祷告神佛。

表演富有仪式感，演唱者与听众要穿戴整齐，场地要卫生干净。演唱时，1—3位艺人同场演唱，有合唱、对唱及问答，完成这一生动鲜活的口头表演艺术。

六、民勤曲子戏（传统戏剧）

民勤曲子戏是流行于民勤城乡及西北部分地区的曲牌体地方戏曲剧种。最初的表现形式是由当地民间艺人以坐唱形式表演的小曲，起源于明初，形成于明代中叶，兴盛于清代和民国时期，是集民间音乐、舞蹈、美术、文学等诸多元素于一身的综合戏曲艺术。

民勤曲子戏音乐有着极强的包容性，是在甘肃民歌与内蒙古民歌（主要是河套地区）的基础上，吸收山西、陕西、浙江移民带来的民间小调而形成的，属于曲牌连缀体戏曲音乐。明代，眉户剧传入民勤后，因其音乐风格与唱腔、曲式跟民勤小调相近似，很快就被吸收到民勤曲子戏中，相互补充，融为一体，大大丰富了曲子戏的表现力。

民勤曲子戏的唱腔由调、腔和小调三部分组成。"调"有甜、苦音之分，有二曲调、四曲调等八种。"腔"有硬、软音之分，有三腔、慢腔等十二种，俗称"八调十二腔"。唱腔属曲牌联体腔，曲调丰富，有100多种曲牌。唱腔优美动听，道白唱词使用民勤方言，诙谐通俗，亲切感人。演唱一般均用本嗓（即真嗓），独特之处是有些唱腔的结尾或中间部分采用"接声"（即帮腔）的处理方式，可达到特殊的演唱效果。

民勤曲子戏的内容多以惩恶扬善、规劝孝道为主。已知名剧目有460多种，记录到的有近百种，其中独有剧目50多种，比较著名的有《二瓜子吆车》《张琏卖布》《下四川》《怕老婆顶灯》等。

民勤曲子戏的表演风格独特，具有鲜明地域特色，集唱、念、做、舞为一体的规范戏曲化综合表演形式。其服装有边塞民族融合特色。化妆独特，且角常戴"古装楼"发式，线尾子头饰后垂黑色丝绦，长可及地，显得端庄飘逸，一动一静，极具美感。

经过600多年的传承演唱，民勤曲子戏形成了"融北方小曲的苍凉刚健与南方小曲的柔美俏丽于一身"，兼具北风南韵的独特的艺术风格。

七、天祝唐卡（传统美术）

天祝唐卡是华锐藏族文化中一种独具特色的绘画艺术形式。唐卡，也叫唐嘎、唐喀，系藏文音译。"唐卡"一词中的"唐"和空间有关，意味着广袤无边，"卡"指的是填补画布上的空白。唐卡的历史可以追溯到吐蕃时期，有记载的最早一幅藏民族唐卡是吐蕃赞普松赞干布用自己鼻血绘制，再由文成公主亲手装帧的《白拉姆像》。

唐卡品种和质地多种多样，多画于布或纸上，然后用绸缎缝制装裱，上端横轴有细绳，便于悬挂，下轴两端是有精美轴头，画面上覆有薄丝绢及双条彩带。也有极少量的缂丝，贴花，织锦，刺绣和珍珠唐卡。唐卡具有鲜明的民族特点、浓郁的宗教色彩和独特的艺术风格，用明亮的色彩描绘出神圣的佛陀世界。唐卡画传统上是采用金、银、珍珠、玛瑙、珊瑚、松石、孔雀石、朱砂等珍贵的矿物宝石和藏红花、大黄、蓝靛等植物为颜料，以示其神圣。这些天然原料保证了所绘唐卡色泽鲜艳，璀璨夺目，虽经几百年的岁月，色泽仍艳丽明亮。唐卡绘制过程十分复杂，包括绘前仪式、制作画布、构图起稿、着色染色、勾线定型、铺金描银、开眼、缝裱开光等一整套工艺程序。所选绘画颜料都是用天然矿物质研磨成粉末调和而成，甚至连最基本的画布制作都充满了神秘色彩。画布不但要用石头在正反面不同方向进行打磨，还需经过特制药水浸泡，晾干后再打底色等多道复杂工序。唐卡最细微的就是迥异的人物面部刻画，慈眉善目，喜怒哀乐，栩栩如生，代表着一种慈悲与吉祥、豁达与深沉，给人一种庄严、肃敬的精神力量。

唐卡在题材内容上涉及藏族宗教、历史、政治、文化、艺术、科学技术和社会生活等诸多领域，凝聚着藏族人民的信仰和智慧，记载着藏族文明的历史和发展，寄托着藏族人民的宗教情感和对雪域家乡的无限热爱。唐卡绘画艺术不仅是藏族文化的奇葩，也是中华民族民间艺术中弥足珍贵的非物质文化遗产。

第四章　人物:谱写凉州历史的绚丽篇章

"武威莫道是边城，文物前贤起后生。不见古来盛名下，先于李益有阴铿。"自汉武帝置武威郡以来，凉州以政局安定、民族和揖、物产殷富、文风炽盛而称颂于史，特别是人文荟萃、人才辈出的历史更为史家和世人所称道。东汉时期，有"关东出相，关西出将""烈士武臣，多出凉州"之说。五凉时期则有"凉州号为多士"之赞。隋唐时期，凉州出了许多名将，也出了不少文人。明清时期，凉州出现了一个人才高峰。据《明清进士题名碑录》记载，清代凉州府共有文武进士63人，被武威文庙选为翰林院庶吉士的就有10多人。另有文武举人466人，贡生则层出不穷。当时凉州府考取的举人和进士人数分别位居甘肃省第一和第二，其中的不少人对当时的社会、经济、文化产生过一定的影响。

凉州杰出人物众多，有王侯将相、群英忠烈、民族俊彦、文苑英华、大家名儒、高僧大德、商贾巨子等。段颎官至东汉太尉，封侯;贾诩有高超的政治智慧和军事才能;张轨、吕光、段业、沮渠蒙逊、李暠、李轨建立地方政权;李抱玉、李抱真、段秀实是唐代中兴名将，在国家危难之际，同赴国难，功业显赫;余阙是元末文臣儒将;李益是中唐最优秀的边塞诗人，与李白、王昌龄的七言绝句代表着唐代的最高水平;张澍著作等身，其学术成就领军西北。他们为凉州赢得了荣光和不朽，也为中华民族的历史谱写了辉煌篇章。

今天，对凉州历史人物的家世、生平事迹和成就进行钩沉，客观评价其历史贡献、历史地位，对于弘扬优秀传统文化，传承文明，资政育人，增强文化自信，具有重要的历史价值和现实意义。

第一节 历史人物

开创五言律诗的阴铿

阴铿,字子坚,生卒年不详。父亲阴子春,字幼文,曾参与平叛侯景之乱,"恒冠诸军",历任梁朝梁州、秦州、西阳太守和宣惠将军、明威将军、信威将军、左卫将军等。作为将门之后,阴铿也曾任梁朝湘东王法曹行参军、陈朝始兴王录事参军,后官至招远将军、晋陵太守、员外散骑常侍。阴铿家族是在东晋末年,跟随刘裕南迁,后落籍于南平(今湖北荆州地区)。

阴铿自幼聪慧好学,在5岁时其他孩子还尽情玩耍时,他就会吟诗作赋,一天能写近千字。长大后,他又读了大量的经史著作,并且还善于作五言诗,常常有得意的诗作,深受当时文学大家们的好评和看重。

阴铿在任梁朝湘东王萧绎的参军时,有一年冬天的一个天寒地冻、大雪纷纷之日他邀请好友在一个酒楼聚会喝酒。在宴会上,阴铿看到一位斟酒的仆人时不时地看着他们,有想喝酒的样子。于是,阴铿亲自把酒烫热后端给这名仆人,在座的朋友们都笑话他多事,阴铿却说:"我们每天都酣畅地饮酒,而这个整天都手拿酒杯的人却不知道酒的味道,实在没有道理。"侯景之乱爆发后,阴铿被叛兵捉住,危急关头,有人将他偷偷救走。在逃难路上,阴铿询问这位救命恩人,才知道原来竟是在那场宴会上他赐酒的那个仆人。

梁朝灭亡后,阴铿投奔陈朝做官,在始兴王陈叔陵的府中任录事参军。当时的陈朝在高祖陈霸先的治理下,政权稳固,经济发达,陈文帝常常聚宴群臣写诗。有一天,任尚书左仆射、中书监的徐陵对文帝说道,阴铿是当朝最有才华的诗人之一,应该要见一下。当日,文帝便在皇宫聚宴,召见阴铿参加，命他为新落成的安乐宫赋诗。此时的阴铿才气超然，提笔即成，写下《新成安乐宫》，诗曰："新宫实壮哉，云里望楼台。迢递翔鹤仰，连翩贺燕来。重檐寒露宿，丹井夏莲开。砌石披新锦，梁花画早梅。欲知安乐盛，歌管杂尘埃。"这首诗博得文帝赞叹不已，也给他带来了亨通官运，先后任招远将军、晋陵太守、员外散骑常侍等职。

阴铿留名于史的是他创作的五言诗。在诗歌创造中，阴铿致力于斟音酌句，追求辞精意切，声律、诗体、对仗等。阴铿的创作实践，推动了齐梁新体诗向唐人近代诗的转化，对唐代诗人产生过重大影响。杜甫以"不薄今人爱古人"的态度，"颇学阴何苦用心"，力求"语不惊人死不休"的艺术效果。即便是才华横溢的李白，也是认真学习并借鉴他的诗风，正如杜甫所言："李侯有佳句，往往似阴铿。"李白五言律诗，诗味浓郁，风格清丽隽永，和阴铿的诗风宛然相似。

建立大凉政权的李轨

李轨，字处则，凉州姑臧人。隋炀帝改凉州为武威郡，郡置鹰扬府，有郎将、副郎将、长史、司马等官。大业（605—618年）中，李轨任武威郡鹰扬府司马。大业十三年（617年）四月，薛举在金城割据一方。李轨与同郡人曹珍、关谨、梁硕、李赟、安修仁等商量对策，他认为："薛举粗暴强悍，野心勃勃，割据金城后必然要来吞并河西。今武威郡的官吏们懦弱无能，面对这种动荡不安的局势，他们没有一点办法。大家要互相团结，共同努力，保据河右。"曹珍等人都很赞同李轨的见解。

大业十三年（617年）七月的一天夜晚，安修仁率领一批胡人进入姑臧内苑城，举旗高呼，李轨率众响应，逮捕了隋官虎贲郎将谢统师和郡丞韦士政，李轨自称河西大凉王，并按照隋朝的典章设置了官属。关谨等主张杀了隋朝官吏，把他们的家产全部没收分配。李轨说："你们既然推我为主，一切行动都须听我的命令。我们今天组织起事，目的在于拯救生民。如果我们杀人放火，擅取不义之财，和盗贼有什么不同？还谈什么救人急难！"大家都同意他的意见，于是任命谢统师为太仆卿，以韦士政为太府卿。

不出李轨所料，薛举果然派其将军常仲兴渡河西击。幸好李轨有备，派遣大将李赟拒战于昌松（今甘肃古浪县境），斩首2000级，余众全部俘获。李轨想把俘虏归还常仲兴，李赟说："这些俘虏是我们经过艰苦奋斗才抓到的，现在却又释放回去帮助敌人，这究竟是为什么呢？不如统统活埋了他们。"李轨说："如果老天爷保佑将金城也归我，我就能擒其主，这些俘虏自然都是我的；如果不然，留这些人有什么用呢！"遂将俘虏全部放还。不久以后，李轨攻拔了张掖、敦煌、西平等，占领了整个河西走廊。

唐武德元年（618年）八月，李渊想征讨薛举，统一秦陇，便派人秘密到凉州招抚李轨，给李轨的书信称他为"从弟"。李轨看了非常高兴，派他的弟弟李懋赴长安进贡。李渊任命李懋为大将军，让鸿胪少卿张俟德带着节册拜李轨为凉州总管，封凉王，并赠给羽葆鼓吹一部。在张俟德未到达凉州之前，十一月的某天，李轨即皇帝位，改元安乐，史称大凉。

大凉政权的吏部尚书梁硕很有智略，李轨常依靠他做出重大决策。安修仁先世是凉州望族，境内各少数民族都归附他。梁硕看到诸胡势力强盛，便暗暗劝李轨应及早对其加以防范。这话却被安修仁听见，引起了安修仁和梁硕的隔阂。另一方面，李轨的儿子李仲琰曾到梁硕那里去，他认为梁硕待他不礼貌，遂怀恨在心，便和安修仁互相勾结，在李轨面前大讲梁硕的坏话，甚至诬陷梁硕要谋反。李轨听信谗言，用药酒毒死了梁硕。此后，那些共同起事的旧友同僚都心怀疑惧，不愿给李轨出力。

有一天，一个胡巫对李轨说道："神将遣玉女从天而降。"于是，李轨召兵民筑台迎接玉女到来，耗费甚大，民怨沸腾。有一年，河西遭饥荒，出现了人吃人的惨景。李轨拿出了他的全部家产救济，还是不敷应用。没有办法，他召集群臣商议，想开仓发粮。曹珍等都赞成说："国以民为本。我们难道只顾爱惜仓库里的粮食，眼看着让广大人民去死吗？"谢统师等隋官虽被李轨宽大安置，但他们心里终究不服，秘密与群胡为党，排斥李轨的好友故人，反驳曹珍等人："百姓中饥饿的人都是那些乏弱不堪、不能做事的人，那些勇敢健壮的人终不会这样。国库里的粮食乃是为了应付意外的事变而储备的，难道可以散给那些乏弱无用的人吗？你们为了向这些人讨好，不为国家着想，不是忠臣。"李轨不察民情，决定不发仓粮，这就更加激起了广大士民的离怨情绪。

武德二年（619年）二月，张俟德到达凉州。李轨召群臣廷议说："唐朝的天子，是我的从兄，今已在长安登极。一姓不可自争天下，我想去帝号，受其封爵，可不可以呢？"曹珍说："隋朝的政权已经灭亡，今天下称王称帝的何止一人！唐朝的皇帝在关中，大凉皇帝在河西，互不妨碍。再说您已经做了天子，为什么还要自己贬黜！"李轨采纳了这个意见，遂派遣尚书左丞邓晓赴长安回报李渊，奉书自称"皇从弟大凉皇帝臣轨"，不受唐封的官爵。李渊看了李轨的书信非常生气，大骂道："李轨竟敢称大唐皇帝为兄，这分明是他不甘做人臣的表现。"因此囚禁了邓晓，准备发兵讨伐李轨。

这年五月，在长安做官的安兴贵（安修仁之兄）上表请赴凉州说李轨投降。李渊说："河西李轨依仗他兵力强盛，所处地理位置险要，还可连接吐谷浑和突厥，我想派兵攻击，恐怕还不能取胜，难道光凭你的口舌就能拿下他吗？"安兴贵说："我家在凉州，世代为豪望，境内各少数民族历来都归附我们。我弟安修仁深得李轨信任，我们的子弟在其重要部门任职的有几十人。我前去说他，他听我的话更好；如果不听，我们就近拿他很容易。"于是，李渊派遣安兴贵赴凉州。安兴贵到姑臧城后，李轨拜他为左右卫大将军。安兴贵找机会对李轨说："凉州地不过千里，土薄民穷。今大唐起兵太原，取得了函谷天险控制了整个中原，战必胜，攻必克。您不如举河西归附大唐，则犹如窦融的功劳在今天重现了一般。"李轨反问："我据山河之固，唐虽强大，他能把我怎么样？你从唐朝来，是在为唐游说吧！"安兴贵忙说道："我听说富贵不归故镇，如衣锦绣夜行。我全家受陛下的荣禄，怎么能归附唐朝呢？我只不过是随便谈点荒谬的看法，是否可行，全在陛下定夺。"安兴贵回家后，即和安修仁秘密调集诸胡兵马，向李轨进攻。李轨出城应战失利，便闭城自守。安兴贵公开宣告说："大唐遣我来诛李轨，敢帮助他的人要灭三族！"城内的人纷纷出来投靠安兴贵，李轨见日暮途穷，叹息道："人心去矣，莫非老天爷要亡我吗？"遂与妻子登玉女台，置酒话别。后被安兴贵缚至长安，李轨及子弟都被李渊所杀。

中唐才子李益

李益（748—829年），字君虞，凉州姑臧人。约在唐代宗广德二年（764年）凉州陷于吐蕃前，李益随家迁离故乡，到洛阳定居。大历四年（769年）登进士第，授华州郑县（今陕西华县）尉。两年以后，他又任郑县主簿。大历九年（774年）到渭北节度使臧希让的幕府供职，随军北征，以御边患。唐德宗建中二年（781年）到朔方节度使李怀光的幕府供职，曾巡行朔野。建中四年（783年）登拔萃科，授侍御史。贞元元年（785年）到灵州大都督、西受降城天德军灵盐丰夏等州节度使杜希全的幕府供职，再次从军到了塞上。贞元六年（790年）前后入邠宁节度使张献甫幕府供职。贞元十三年（797年）入幽州节度使刘济的幕府，由从事进为营田副使。贞元十六年（800年）结束军旅生活，漫游长江、淮河流域。几年后返回长安，唐宪宗召为都官郎中，迁中书舍人。元和五年（810年）前后，曾任河南少尹，随即入朝任秘书少监，集贤殿学士，官至右散骑常侍。唐文宗大和元年（827年），加礼部尚书衔致仕。829年，李益病逝，享年82岁。

李益早在青年时候，已经诗名大振。而他一生写得最多、成就最高的是从军边塞诗。他一生创作了许多优秀的诗篇，现存一百六十多首。这些诗歌题材广泛，内容丰富，形式多样，其境界之蕴藉，语言之集美，音韵之流畅，在当时就产生了很大的影响，据唐人李肇在《唐国史补》卷下中说："李益诗名早著，有'征人歌且行'一篇，好事者画为图障。又有云：'回乐烽前沙似雪，受降城外月如霜。不知何处吹芦管，一夜征人尽望乡。'天下亦唱为乐曲。"可见当时李益诗名已名满天下，以至于他的诗歌被画为图障、谱为乐曲。不仅如此，在同时代的著名文学家令狐楚所选的《御览诗》中，李益的诗歌入选三十六首，选入作品最多，名列诸诗人之冠。说明他的诗歌在当时就受到了社会各个阶层的欢迎和喜爱。宋代严羽在《沧浪诗话·诗评》中说："大历以后，吾所深取者，李长吉、柳子厚、刘言史、权德舆、李涉、李益耳。"明代胡应麟曾这样高度评价李益的诗歌，他说："七言绝，开元之下，便当以李益为第一。如《夜上西城》《从军北征》《受降》《春夜闻笛》诸篇，皆可与太白、龙标竞爽，非中唐所得有也。"在这些诗歌中，李益的边塞诗无疑是最有特色的。明代徐献忠在《唐诗品》中评价李益："君虞生习世纷，中遭顿抑，边朔之气，身所经闻，故从军出塞之作，尽其情理，而慕散投林，更深遐思。古诗郁纤盘薄，姿态变出，自非中唐之致。"清代沈德潜在《重订唐诗别裁集》卷四中说道："君虞边塞诗最佳，《征人歌》《早行》等篇，好事者画为屏障。"由以上的诸多评价和赞美之词我们可以总结出：诗人李益用他的凌云健笔，绘摹边塞风云，抒写征士情感，独立于大历诗坛，成为继盛唐表赛诗人高适、岑参之后唐代又一位杰出的边塞诗人。

誓死不屈的余阙

余阙，字廷心，一字天心，唐氏人（即党项族），世居武威。其父沙剌藏卜，在庐州做官，遂为庐州合肥（今安徽合肥市）人。余阙很小就失去了父亲，自己教书来奉养母亲。元统元年（1333年），余阙考中了进士，授同知泗州事，为政严明，豪绅猾吏都惧怕他。州内农业歉收，缺粮的农民不敢向上级如实反映情况。余阙请示中书省批准，凡缺粮的农民，可以减免赋税，可以用代金交纳公粮，农民非常高兴。百姓自动凑钱给他送礼，表示感谢，他拒不接受。不久，余阙被召入朝，为应奉翰林文字，后改任刑部主事，对权贵不阿谀奉承，并向宰相上书揭露了权贵的劣迹，宰相不理，乃弃官归里。不久，又召他修辽、金宋三史，再次入翰林为修撰。拜监察御史，出任湖广行省左右司郎中。广西山路险峻，农民交公粮往往要花费几倍于公粮的代价，余阙让农民用布帛代交公粮，大大方便了农民。湖南章宣慰给余阙赠送了一盒婆律香，余阙接过香盒一掂量，感到很重，怀疑有其他东西，坚辞不受，而盒内果然有黄金。章宣慰叹息说："凡是我送过礼的达官，没有人推辞过；廉洁如冰壶的，只有余公一人啊！"复召余阙入朝，为集贤经历，迁翰林待制。不久，余阙又出任浙东道廉访司佥事。当地贪官污吏听到余阙来浙任职，多数都离职而去。衢州（治所在今浙江衢县）长官燕只吉台曾杀害过无罪的人，余阙将他逮捕入狱，依法治罪。上行台御史与燕只吉台有牵连，反给余阙罗织罪名，进行诬告，余阙遂弃官回家，适逢丁母忧。

至正十二年（1352年），江淮农民起义。行省平章政事脱忽儿不花秉承皇帝旨意，起用余阙代理淮西宣慰副使、都元帅府佥事，分兵守安庆（治所在怀宁，今安徽潜山县）。至正十四年（1354年），安徽地区遇到了重大的自然灾害，余阙从他的薪俸中拿出了200石粮食，每天做饭给饥饿者吃。他又向中书省汇报，得钱钞3万锭，救活了许多人的性命。至正十五年（1355年）夏天下大雨，安庆城下水涌，余阙主持救灾，水势平息，秋天获得大丰收，军屯得粮3万斛。余阙考虑到兵士的吃饭问题已经解决，又深挖了没有水的护城壕，增修了城上的女墙，城外筑了三道大护城河，河内灌满水，环城构筑了木栅，城上盖起了望楼，加强了城内外的防御设施。

这时，淮东西城池都已陷没，余阙独守安庆。余阙旧日的朋友甘言受起义军委托，前往劝说余阙投降。余阙将甘言拉在外面，用铁链击打他的牙齿和脸颊，并斩于东门外。至正十七年（1357年）秋，余阙任淮南行省参知政事，不久改任左丞，赐二品官的冠服，他愈发勤奋，发誓以死报国。有一天，余阙把将士们集合在旌忠祠，对他们说："男子活着应该像韦孝宽，死了应该像张巡，不能为那些邪恶势力所屈服。"将士听了，感到气壮山河。

至正十八年（1358年）正月的一天，赵普胜军围东门，陈友谅军围西门，饶州起义军围南门，各路农民起义军纷纷归附，战舰蔽江而下。陈友谅加紧攻西门，余阙亲自抵挡，分派部将在三座城门处督战。余阙身先士卒，斩首无数，他负伤十余处。忽然城中起火，余阙知道城已陷没，乃引刀自刎，年56岁。余阙死后，陈友谅具棺殓葬于安庆城西门外。

余阙在军务稍暇时，注释《周易》并率诸生在郡学会讲，将士都在门外听课。他很注重经学，对《五经》都有撰述。余阙还工于诗文，其弟子将其著述辑为《青阳山房集》五卷。

被雍正称为"老实人"的张珌美

张珌美，字昆岩，凉州府武威县人。清雍正元年（1723年）应孝廉方正科的荐举，授广东惠来县知县。后升廉州府（治所在今广西合浦县）知府，官至雷琼道。

雍正元年，凡是应征到京的学生，雍正一般都要召见。当雍正问到某省诸生时，说："你们这些秀才，过去考试，经常都能考很好的成绩吧？"诸生答："都能考很好的成绩。"事后，雍正让仪曹查他们的考案，实际不是这样。雍正很讨厌这种讲假话的坏毛病，而张珌美等并不晓得这些事。雍正召见张珌美时，同样问了上面的问题，张珌美回答："秀才所学深浅不同，文章的好坏也难以一日之内定论，而且评卷人的看法也不一样，所以每次应考，怎能都考得好成绩呢？"雍正听了很高兴，对在场的人说："还是西

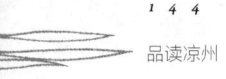

北人老实。"遂任用张珆美为广东惠来县知县。

广东惠来县有黄氏兄弟二人,盘踞百花山为盗。他们依仗自己的拳勇,而且用钱财买通了官府的衙役,长期为害一方,百姓没有一点办法,称他们为"大王""二王"。张珆美到任后,对大王、二王置之不理,只是严抓小偷,抓到就给予严厉的惩罚,抓不到小偷就严厉惩办衙役,远远近近没有不害怕的。有一天,张珆美将衙役集合起来,挑选了几十个健壮的汉子,由他率领前往百花山,叫出大黄,说:"民与盗不能并存,官与盗势不两立,而且盗与盗也不能和平共处。你告诉我,帮助你为盗的是谁?你为什么这样猖獗?你抢劫民财饱了其他盗贼,你真愚蠢极了!你老实告诉我,帮助你为盗的究竟是谁?"张珆美威猛的风采,刚直的言辞,使大黄惊恐万状,立即供出了分赃的衙役名单。张珆美说:"这样说,你是胁从,而为首的是衙役。你今天把你的同党全部交出来,我免你死罪。"大黄兄弟被捆绑起来带到了知县的衙署。张珆美对通盗的衙役绳之以法,百花山始告太平。

张珆美到百花山直捣贼巢的行动,事先连朋友和妻子都没有告诉,他突然出发,大家都为他此举惊诧莫名。结果他征服大黄兄弟如擒鸡狗一样容易,大家更是好奇,都问他究竟是怎么回事?他说:"我自到任以后,一直注意剪除他的外围势力,他的气焰已被打垮,所以对他们就容易制服。"知府向朝廷奏报了这件事,雍正很高兴,立即提升张珆美为廉州知府,又进雷琼道,从此声名大震。后来,张珆美以亲老辞官回家,行李极为简单,仅是几千卷书,并大部分都捐赠了当地书院。

乾隆十一年至十四年(1746—1749年),张珆美主持撰修了《五凉考治六德集全志》(简称《五凉全志》),另著有《濯砚堂诗钞》。

诗书画三绝的张美如

张美如,字尊五,号玉溪,又号第五山樵,凉州府武威县人。著名书画家,擅长写诗,文章也写得很好,有评:"洋洋洒洒,下笔数千言,顷刻立就，清隽超拔，迥出异常。"但他不屑以此争名于时，而喜欢谈论时务，如兵制、钱谷、吏治、民风等。他很蔑视那些只尚空谈，不务实，不能学以致用的人。

嘉庆十二年（1807年），张美如考中举人，次年（1808年）考中了进士，选翰林院庶吉士。嘉庆十四年（1809年）散馆，授户部主事，因亲老辞官回家侍奉。道光二年（1822年），入京补官，升户部员外郎。因失察捐纳事降职。当时和他一起做官的人想留他继续供职，好争取将功补过，而张美如毅然弃官回到了武威，对功名利禄丝毫没有留恋的意思。不到3年，朝廷有恢复他官职的诏命，在京城的一些老朋友都殷切企望他再能回到朝廷，"美如则优游林下，耽翰墨，悦琴书，引掖后进，以为名教自有至乐"。

张美如一生仕宦的时间很短，却以毕生精力从事教育工作。就在他中举人以前，嘉庆十一年（1806年）他在镇番县苏山书院教书，写了《丙寅予主讲苏山书院阅诸生文有感二首》等诗篇。《白亭秋望》："白亭秋暮野云沉，草树苍茫大塞阴。鸿雁声中游子梦，黄花时节故园心。戍空旧垒狼烟息，城压荒沙雉堞深。古庙犹留苏属国，西风凭吊欲沾巾。"描写了当时镇番县的秋景，抒发了他的思古之幽情。嘉庆十六年（1811年），即他任户部主事以后、户部员外郎以前，曾在凉州天梯书院教书。他最后一次弃官回武威后，又主讲凉州天梯书院，以后又主讲兰州兰山书院。道光十二年（1832年），主讲西安关中书院。道光十四年（1834年）病卒于关中书院。

清蒋宝龄《墨林今话》对张美如的山水画评价很高："工山水，澹远似云林，苍厚似大痴。兴之所至，挥翰伸纸，顷刻立就。然不肯多作，故流传绝少。"张美如去世后，大部分诗文书画都让他的学生们拿走了。现有《张玉溪先生诗》124首。

十九岁中进士的张澍

张澍,字百瀹,号介侯,凉州府武威县人。乾隆四十一年(1776年)十月初一日出生在武威县城内吉府里(今武威市城内西小北街)。父名应举,是一个秀才,靠在蒙学教书维持生活。母亲张氏,是元朝驸马高昌王的后裔。

嘉庆四年(1799年),张澍考中进士,选翰林院庶吉士。这年十月,请假省亲。嘉庆五年(1800年)从武威返北京。嘉庆六年(1801年)散馆,七月任贵州玉屏县知县。后又代理遵义县知县、广顺州知州。嘉庆八年(1803年)冬,他由贵州辞官到西安。因生活困难,嘉庆九年(1804年)正月,张澍应聘主讲汉南书院。这年秋天,回武威省亲。嘉庆十年(1805年),由武威到北京。秋天南下旅游大江南北。嘉庆十二年(1807年)冬回到武威。嘉庆十三年(1808年)春到十五年(1810年)夏,张澍主讲兰州兰山书院。十五年夏到冬,在武威闲居。十五年冬,到北京补官,因补官的人很多,他竟等待了约两年。在此期间,他到安徽萧县南李家楼堵塞河堤工地管理料场,因工作认真负责,河堤完工后,优先补了官。嘉庆十八年(1813年)二月,任四川屏山县知县。先后代理兴文、大足铜梁、南溪县知县。嘉庆二十四年(1819年)冬,因父亲去世离任。嘉庆二十五年(1820年)春回到武威。不久,寓居西安城内和乐巷。道光二年(1822年)春,由西安回武威释服。夏,返西安,又上北京。道光三年(1823年)秋,由北京返西安。道光四年(1824年)又上北京。道

张澍先生像

光五年（1825年）秋，任江西永新县知县。道光六年（1826年），代理临江府通判，因前任欠随漕道款，被革职。道光八年（1828年）四月任江西泸溪县知县。道光十年（1830年冬），辞职获准。从此结束了他的仕宦生涯。30年间，他实际为官的时间不足14年。道光十一年（1831年）开始，再次旅游大江南北。道光十二年（1832年），由南昌回到西安，这年他57岁。此后，除道光十四年夏、秋到武威扫墓一次外，一直住在西安，整理刊印他的著作。道光二十七年（1847年）五月初八日，张澍病逝于西安，享年72岁。

张澍"才气无双，时惊以为异人。"清张之洞《书目答问》附录《国朝著述诸家姓名略》把他列经学家、史学家、金石学家。就以张之洞的评价而言，经学方面的著述有《辑子夏易传序》《小序翼题辞》《说文引经考证·序》《四书问》《易经问》《子夏易传》《说文引经考证》《一切经音义引文异同》《诗小序翼》等。在史学领域的成就主要表现在两个大的方面：一是地方史志学的研究，二是姓氏学的研究。张澍对金石学的研究造诣很深，但他研究金石，目的还是为编纂地方史志服务。同时，张澍还是一位诗人，《养素堂诗集》收诗3051首。

"勤学好古"的李铭汉

李铭汉，字云章，祖籍宁夏卫门城驿，明朝末年迁居凉州卫，嘉庆十三年（1808年）出生于凉州府武威县。光绪十七年（1891年）病逝，享年84岁。

道光十一年（1831年），李铭汉应乡试没有考中，从此更加勤奋学习。同乡尹世阿从江西辞官回乡，家中藏书十余万卷，专以奖励后学为事。尹世阿看到李铭汉的文章后大加赞许，派人赠送了一部阮元刻印的《十三经注疏》。李铭汉去尹府致谢，尹世阿与之长谈。尹世阿问他学习的志向，他回答："事求是"。尹世阿夸奖说："这才真正是读书的种子啊！"从此他随尹世阿研读经书。道光十四年（1834年）秋，李铭汉到西安应试，这时张澍已辞官寓居西安，他去拜见，受业门下，帮张澍校勘《诸葛忠武侯文集》《蜀典》等书。道光十九年（1839年），他再次应乡试没有考中，房师陈世熔很赞赏他的文章，为此颇抱不平。后来陈世熔任古浪县知县，写信叫李铭汉到古浪县衙署跟他学习了五年。

李铭汉博通经史，才华出众，对天文、算术、舆地等都认真学习，对音韵、训诂学尤有研究。在当时陇右士人中极负声望。但是，他在科举上非常不得志，一生8次应乡试，都没有考中。晚年时，李铭汉主讲凉州雍凉书院、甘州甘泉书院，主要著作有《续通鉴纪事本末》，共110卷，第1—89卷是李铭汉辑纂，90—110卷是其次子李于锴续辑。《续通鉴纪事本末》是一部纪事本末体的宋、辽、金、元史，将这一时期的史事概括为110件大事，每卷写一件大事，有的卷下又附有若干小事。另著有《尔雅声类》《说文谐声表》《日知斋诗稿》。关于李铭汉的治学思想，汪辟疆评论说："平生论学，实主顾亭林（炎武）经学即理学之言，其教子侄生徒，亦以'行己有耻，勤学好古'八字为主旨，教生徒如是，主甘州书院讲席亦如是……盖晚近西北一醇儒也。"

李铭汉一生关心民瘼，深得乡人士绅敬重。学使胡景桂为朝廷疏荐陇右耆儒三人，李铭汉即为其中之一。同治十三年（1874年），湖南安化举人龙锡庆（字仁陔）代理凉州府知府，数访李铭汉咨商政事。武威六渠水源皆出南山，水势湍急，傍河田亩，年有冲决，乡民屡次申诉水冲地皆以斗石计，官方要求必须以顷亩折算。官员不懂折算方法，积数十年不得解决。这时，李铭汉从吏员中选熟悉珠算的人，教以开方算式，钩稽剖析，数月即完成。龙锡庆知府取乾隆年间旧册核对，数字完全符合，便将嘉庆年间以来冲没的数字上报。光绪八年（1882年）九月，奉户部批文称："武威县属沙压水冲地一百七十七顷二亩，应纳正耗仓粮七百六十四石八斗，悉予豁除。"更名地粮事，因龙锡庆调任甘州，这项利民的好政策没有继续实行，李铭汉大为遗憾。

遭文字狱殃及的李蕴芳

李蕴芳，字湘洲，凉州府武威人。他的父亲虽是一个商人，但很喜欢读书，还善于考证经史。由于他博闻强识，当地的青年学子纷纷向他求教，他都能答问无穷，人送雅号"万宝全书"。

李蕴芳幼承家学，学习基础相当好，尤其他的文章居诸生之冠。乾隆七年（1742年），内阁中书胡中藻到陕西主持考试，以《黄河赋》命题，陕、甘两省的秀才中，武威人曾国俅考取第一，李蕴芳虽名列曾国俅之后，考了第二名，而胡中藻对李蕴芳的文章评价极高，认为他可以和晋朝的木华、郭璞等人相媲美。乾隆八年（1743年），在凉州的岁科考试中，李蕴芳考上了优贡，到京城的国子监读书。胡中藻和他有文缘，故人们把他看成是胡中藻的学生。李蕴芳在太学修业期满，担任了旗学教习，一面工作，一面发愤读书，坚持了8年。乾隆十七年（1752年）春天，他考中了举人，秋天又考中了进士，但未被重用。旗学教习期满后，李蕴芳任江西石城县知县。他的师友都认为，像他这样的文才，留在史馆太有用了，做知县则可惜了！而他在知县任上干得很好，自己也觉得很知足，很高兴。

李蕴芳在石城任知县时，"著述不辍"，而且喜欢谈诗。赣州府知府也喜欢写诗。一天，这位知府召集所属知县饮酒。席间拿出他的诗集让大家评论，而他的真正用意是想听到李蕴芳的评价。在座的人异口同声地阿谀奉承，李蕴芳却装做什么也没听见。这位知府再三要李蕴芳说话，李蕴芳把诗集拿在手里翻了几遍，称赞诗集纸质好，字也写得好，对诗作本身则只字不提。知府由是怀恨在心，想借机报复李蕴芳，却找不到一个合适的机会。

不料在这个节骨眼上，胡中藻出了问题。乾隆二十年（1755年）三月，乾隆帝指出胡中藻《坚磨生诗钞》中"一把心肠论浊清""天非开清泰"等诗句，诽谤自己。四月，胡中藻被处斩。赣州知府早就知道李蕴芳是胡中藻的学生，胡中藻出了事，他要想方设法罗织罪名，株连李蕴芳。这位知府奉命搜查胡中藻府时，发现了李蕴芳致胡中藻的一封信里面有"初官知县，不谙刑名，相验乃甚苦"的话。他便拿着这封信找上级给李蕴芳定罪，想把李蕴芳置于死地而后快；上级虽不愿意这样做，无奈这件事牵扯着胡中藻案。乾隆认为"李蕴芳身为县令，乃以检验为苦，反复嗟怨，其属狂悖"，就在这年秋天，李蕴芳被斩。

李蕴芳的著述共有几百卷，胡中藻的事情发生后，他将自己的著作寄给了一个朋友，想通过他流传后世。可惜这位朋友胆小怕事，听到胡中藻、李蕴芳出了事，竟把李蕴芳这批一生心血的结晶烧毁。惜存有《溉愚堂遗诗》二卷、《醉雪庵遗草》一卷。

被赞为"琼林人物"的卢生薰

卢生薰，字文馥，号月湄，凉州府镇番县人。始祖卢海（1411—1475年），原籍江南应天（今南京白下区）莫愁湖畔。明正统元年（1436年），随蒋贵北征有功，留戍镇番卫，拜千户世职，诰封武德将军。二世祖椿（1441—1509年），袭世职，诰封武略将军。三世祖炳（1463—1542年），袭世职，诰封武略将军。四世祖瑾（1494—1572年），袭世职，封明威将军，以功升镇抚。五世祖（1523—1588年），袭世职，勇略过人，御敌屡胜，威震塞外，其地名"卢千户管，封骠骑将军"。万历三年（1575年），筑镇番卫砖城有功，升阿坝营游击。六世祖坊（1581—1662年），河南获嘉县知县。七世祖士鹗（1629—1690年）即卢生薰的祖父，曾任巩昌府成县训导。卢生薰的父亲全昌（1650—1706年），以孝闻于镇番，以医名于世，以传经课子为切务，敬重斯文，义方教子，工文擅诗，有《六府堂全集》24卷。

康熙五十三年（1714年），卢生薰考中副贡生。雍正元年（1723年），考中举人，中式第十三名。同年考中进士，会试第十七名，殿试第二甲第五十四名，选翰林院庶吉士。卢生薰初选庶吉士时，因其来自西北边陲，有许多人瞧不起。翰林京官张考等所作《月湄卢公生薰行状》说："及其选入史馆也，虽公文名素著，论者总不免边方之目。及读其文，光芒万丈，一时无两，不啻登山观海。御试馆课，人人甘拜下风。于是，本朝一代文人之俎豆，争奉之边方公座下，而两闱墨艺，与夫灯窗杂咏，俱脍炙于南北文人齿颊间矣。"

不幸的是，雍正二年（1724年）十月初十日，卢生薰以疾卒于翰林院，终年36岁。

翰林院修撰于振公为卢生薰撰写的墓志："镇番自有明以来，几四百余年，始有一琼林人物……月湄卢老先生，不难于为四百余年未有之人文，而难于为颁白之老，不亦异乎？……灵根性具，五岁读书，八岁行文，未十岁而斐然成章，总角而青衿在握矣。……蒙圣恩，特加珍重，钦试内殿……读其文，仰见其丰采者，谁不钦为本朝一代人文？讵料，三年之馆未授，而两楹之梦已成。一代文章，长埋荒冢，千秋人物，远吊湘滨。"雍正三年（1725年），奉旨赐扶柩勘合，给夫十二名，马二匹，车一辆，礼部给回籍入城治丧咨文。二月初八日，灵柩回籍。四月初六日，在其父冢旁，卜新茔安葬。

卢生薰兄弟六人：长兄卢生莆、二兄卢生苾均在家耕读；三兄卢生华（1676—1745年），康熙五十九年（1720年）举人，终身未仕，撰《镇番卫志》10卷；四兄卢生莲（1685—1758年），雍正十一年（1733年）进士，曾仕江西弋阳知县。卢生薰行五。六弟卢生荚（1691—1761年），雍正元年（1723年）和生薰兄弟二人同登贤榜，中癸卯科举人，后居家教授生徒。

附录一

历史人物简表（一）

姓名	字号	生卒年	籍贯	仕宦	备注
金日䃅		前134—前86		封秺侯	休屠王太子
段颎	字纪明	？—179年	武威姑臧	曾任太尉、太中大夫	"凉州三明"之一
段煨	字忠明	？—235年	武威姑臧	曾任大鸿胪光禄大夫	段颎的弟弟
贾诩	字文和		武威姑臧	曾任济州牧、太尉	享年77岁
阴子春	字幼文	？—551年	武威姑臧	曾任左卫将军、侍中	
孟祎			武威姑臧	曾任后凉昌松太守	
宗敞			武威姑臧	曾任后秦凉州别驾	
段承根			武威姑臧	曾任北魏著作郎	段颎九世孙
阴仲达			武威姑臧	曾任北魏秘书著作郎	
段荣	字子茂	？—539年	武威姑臧	曾任相、济、秦州刺史	
姚辩	字思辩	545—611年	武威姑臧	曾任左武侯大将军	谥号恭公
阴寿	字罗云		武威	曾封赵国公	
段达			武威姑臧	曾任左骁卫大将军	
张琮	字文瑾	582—637年	武威姑臧	曾任太子左卫率	
段秀实	字成公	？—784年	凉州姑臧	曾任泾原郑颍节度使	谥号忠烈
段平实	字秉庸		武威	曾任尚书左丞	
安元寿	字茂龄	606—683年	凉州姑臧	曾任右威卫将军	
潘罗支		？—1004年		曾任西凉府六谷大首领	
竺佛念			凉州		僧人
吴允诚		1356—1417年		封恭顺伯	谥号忠壮
张达	字克明	1490—1550年	凉州卫	曾任大同总兵官	谥号忠刚
毛忠	字允诚	1394—1468年		封忠伏羌伯	谥号武勇
达云	字腾霄	1551—1607年	凉州卫	曾任左都督	

续表：

姓 名	字 号	生卒年	籍 贯	仕 宦	备 注
李栖凤	字瑞梧	？—1664年	凉州卫	曾任广东总督	
张俊哲	字颖我		凉州武威	曾任开封通判	
孙克明	字鉴涵		凉州镇番	曾任湖广通城县知县	康熙三十九年进士
高崇徽	字云甲		凉州武威	曾任浙江安吉州知州	康熙五十三年举人
张尔戬	字伯馀		凉州武威	曾任陕西同官县知县	
张尔周	字筱庄	1815—1879年	凉州镇番	曾任陕西蒲城县知县	道光三十年进士
孙诏	字凤书		凉州武威		曾任布政使
王化南	字荫棠		凉州武威	曾任山东平度知州	乾隆四年进士
刘作垣	字星五		凉州武威	曾任安徽泗州知州	乾隆二十六年进士
潘挹奎	字太冲	1784—1830年	凉州武威	曾任吏部考功司主事	嘉庆二十四年进士
谢葆澍	字雨甘	1744—1810年	凉州镇番	曾任山东安丘县知县	乾隆三十六年举人
张兆衡	字仲嘉	1788—1848年	凉州武威	曾任山西朔州知州	嘉庆二十五年进士
牛鉴	字镜堂	1785—1858年	凉州武威	曾任两江总督	嘉庆十九年进士
李于锴	字叔坚	1862—1923年	凉州武威	曾任山东沂州府知府	光绪八年举人
张澂	字雁初		凉州古浪	曾任福建泉州府知府	光绪十五年进士
张奋翼	字蓼南	1795—1867年	凉州镇番	曾任四川筠连县知县	道光二十五年进士
陈作枢	字瑶卿	？—1870年	凉州武威	曾任陕西商州府知府	道光二十四年进士
唐希顺		？—1708年	凉州武威	曾任四川总督	
尤渤	字海如	？—1852年	凉州武威	曾任松江提督	

第二节　历代职官

清廉仁贤的孔奋

孔奋，字君鱼，扶风茂陵（今陕西兴平市东北）人。少年时在大学者刘歆门下读《春秋左氏传》等，多受到赞赏，刘歆常对门人说："我从孔奋的身上学到了很多东西。"

王莽之乱始，孔奋带着母亲、弟弟等一大家子来到河西避难。建武五年（29年），河西大将军窦融聘请孔奋做议曹掾，代理姑臧长。

西汉末年，中原群雄逐鹿，处于战乱状态，唯有河西很安定，而姑臧又称为富邑。在姑臧县做官的人，往往不到几个月就发财了。而孔奋在职4年，什么家产都没有。他对母亲极孝敬，虽然他一贯主张节俭，但给母亲要做最好的膳食，他和妻子则吃一般的饭菜。当时，天下不太平，社会风气腐败，士人多不修节操。而孔奋力行清廉，人们都讥笑他"身处脂膏，不能以自润"，真是自受辛苦。而武威太守梁统对他这种洁身自好的美德非常敬佩，他们之间不用上下级的礼仪，而是以挚友相待。孔奋拜见梁统，梁统常常要在大门外迎候，还引孔奋去拜见自己的母亲。

建武十二年（36年），河西郡、县级官员都被征召回洛阳，别的人都是满载而归，只有孔奋没有什么资财，坐着一辆空车赶路。姑臧吏民及羌胡等少数民族都说："孔奋清廉仁贤，我们全县的老百姓都受到他的恩惠。他今天离去，我们为什么连一点表示都没有？"于是人们自发捐赠牛、马、器物数以万计，追送了几十里路，孔奋婉言谢绝，一件都没有接受。

孔奋到京师后，拜武都郡丞（郡治在今甘肃武都）。陇西叛军余党隗茂等夜攻府邸，残杀了郡太守，敌人害怕孔奋急追，遂抓走了孔奋的妻子，作为人质。孔奋年已50岁了,只有一个儿子,他穷追猛攻,吏民深受感动,也都加倍努力奋击。孔奋和氐人首领齐钟留取得联系,由钟留发动氐人配合包抄。隗茂等人被逼急,把孔奋的妻子送到军前,以为这样孔奋可能退兵,但孔奋依然围剿,终于消灭了隗茂等首恶分子。后来,上报朝廷后,光武帝下诏褒美,拜孔奋为武都太守。

孔奋任武都郡丞时,吏民很敬重他。到他做了太守,全郡不好的社会风气大为改变。孔奋为政明断,爱憎分明,对有美德的人爱如亲人,对品行恶劣的小人视如仇敌。

肇基前凉政权的张轨

张轨,字士彦,安定乌氏(今甘肃平凉市西北)人。父亲张温,为晋朝太官令。张轨幼年时聪明好学,和同郡的皇甫谧是好朋友。泰始初年(265年),继承了叔父的五品官职,后历任太子舍人、散骑常侍、征西军司等职。

"八王之乱"爆发后,张轨萌生了保据河西的想法,主动请求到凉州任职。永宁元年(301年)正月,张轨出任护羌校尉、凉州刺史。当时凉州境内鲜卑反叛,盗贼纵横。张轨到姑臧,率州兵抗御,整顿社会治安,一时威著河西。他重用宋配、阴充、氾瑗等人为谋主。同时,张轨还大力兴办学校,招收所辖九郡的贵族子弟500人入学读书,并设置"崇文祭酒"(管理教育的官员),春秋"行乡射之礼"。

永兴二年(305年)六月,鲜卑若罗拔能侵犯凉州,张轨派司马宋配反击,斩了若罗拔能,威名大震。晋惠帝特加张轨为安西将军,封安乐乡侯,食邑1000户。于是,他"大城姑臧",在姑臧城北端修筑了一座小城,建造了前凉最早的宫殿观阁。

永嘉二年(308年)二月,张轨患中风不能说话,由他的次子张茂代他处理公务。凉州大族张越图谋驱逐张轨,与其兄张镇、西平太守曹祛共同策划，想派人到长安告诉南阳王司马模，说张轨已有病不能理事，请以秦州刺史贾龛代理凉州刺史。贾龛将赴任时，其兄大骂道："张轨是一时名士，威著西州。你有什么能耐去代替他！"贾龛遂作罢。张镇、曹祛又上疏，请朝廷另派刺史，同时又急忙向朝廷发文请求废除张轨，让军司杜耽代理州事，并威胁杜耽上表推荐张越任凉州刺史。此时，张轨准备让位，到故乡去隐居。长史王融、参军孟畅撕断了张镇等人的所谓檄文，冲进张轨的官邸，情真意切对张轨说："朝廷那么混乱，你把河西治理得这么宁静，张镇兄弟胆敢捣乱破坏，应当立即杀了他们。"王、孟二人说罢出来，姑臧城随即被戒严。恰好在这时，张轨的长子张寔从洛阳来到姑臧，便任命为中督护，率兵讨伐张镇。又派张镇的外甥、太府主簿令狐亚先去劝说张镇，给他讲明利害关系。张镇痛哭流涕说："这是别人害了我！"亲自向张寔请罪，但率兵向南讨伐曹祛时，他又逃跑了。由于古代交通不便，朝廷在数十天后才得到了张镇、曹祛的疏文，便以侍中爰瑜为凉州刺史。凉州治中杨澹以最快的速度赶到长安，割去了自己的耳朵，为张轨鸣冤叫屈。南阳王司马模表请朝廷撤销了对爰瑜的任命。武威太守张琠也上表说："凉州刺史张轨和百姓的关系，就像慈母和赤子一样。凉州百姓爱刺史，就像旱苗得了膏雨一样。当我们得知朝廷听信流言，另派凉州刺史的消息时，民情嗷嗷，如失父母。"朝廷虽诏命诛杀曹祛。张轨命张寔率步骑3万伐曹祛并将其斩首，张越逃往邺城，凉州才得到安定。

张轨虽据河西，但他始终忠于晋朝。永嘉二年三月，汉主刘渊派将军王弥向晋进攻，张轨即派督护北宫纯率兵保卫京师。这年五月，王弥抵达洛阳，屯扎于城南津阳门。北宫纯率勇士100余人左突右冲，大败王弥兵。北宫纯又与汉将刘聪大战于河东，大败刘聪兵。京师有歌谣说："凉州大马，横行天下。"朝廷下诏封张轨为西平郡公，他坚决推辞不接受。晋室危在旦夕，各州郡都与朝廷失去了联系，只有凉州张轨遣使进贡，岁时不绝。永嘉三年（309年）十月，汉主刘渊派刘聪、王弥、刘曜等统率精兵5万进攻洛阳。有一天，刘聪屯扎洛阳城西的西明门。这天晚上，北宫纯率勇士1000余人出攻汉营，斩了征虏将军呼延颢，使汉军锐气大受挫伤。永嘉四年（310年）十一月，朝廷又下诏加张轨为镇西将军、都督陇右诸军事。

中原战乱时，张轨治理下的凉州却是中国西北部唯一安全的地区。中州来河西避难的人"日月相继"。张轨从武威郡划分了一片土地，置武兴郡，安置流民。晋代没有铸造过货币。太府参军索辅向张轨建议："今中州虽乱，此方安全，宜复五铢以济通变之会。"张轨欣然采纳，凉州从此铸造货币，为繁荣经济起了重要作用。

建兴二年（314年）二月，晋愍帝司马邺拜张轨为太尉、凉州牧，封西平郡公。不久，朝廷以张轨年老多病，拜其子张寔为凉州副刺史。张轨病中写遗嘱说："文武将佐，务安百姓，上思报国，下以宁家。"五月，张轨病逝，年60岁，谥号武公。

建立后凉政权的吕光

吕光，字世民，略阳（治所在今甘肃庄浪县西南）氐人。父亲吕婆楼，官至前秦太尉。吕光幼时不喜欢读书，只好玩鹰马。长大成人后，他沉毅凝重，宽简有大量，喜怒不形于色。前秦举贤良，吕光任美阳（治所在今陕西武功县西北）县令。后迁鹰扬将军、破虏将军、骁骑将军等显职。

秦王苻坚既平山东，士马强盛，遂有用兵西域的意图。东晋太元八年（383年）正月，授吕光使持节、都督西讨诸军事。吕光从长安出发，率将军姜飞、彭晃、杜进、康盛等总兵七万，铁骑五千，以鄯善王休密驮、车师前部王弥为向导，征讨西域。太元九年（384年）八月，西域诸国投降吕光，秦王听到胜利的消息后，任吕光为都督玉门以西诸军事、西域校尉。但因道路不通，无法联系。吕光认为龟兹物产丰富，气候宜人，想在这里留居。西域僧人鸠摩罗什劝说吕光："这是一个不吉利的地方，不值得留恋。

将军东归，中途自有福地可居。"太元十年（385年）三月，吕光用2万多只骆驼满载西域的珍宝奇玩，同鸠摩罗什一起启程回内地。九月的一天，吕光到达姑臧城，杀了前秦凉州刺史梁熙，自领凉州刺史，以杜进为武威太守，其余将佐，各受职位。太元十一年（386年）九月，吕光才得知秦王苻坚在前一年被后秦王姚苌所杀的消息。十月，吕光建立后凉，改元太安，定都姑臧。十二月，吕光自称使持节、侍中、中外大都督、督陇右河西诸军事、大将军、凉州牧、酒泉公。

太元十二年（387年）十二月，凉州遭饥荒，一斗米值钱500，甚至出现了人吃人的惨景。后凉西平太守康宁自称匈奴王，杀湟河太守强禧，据郡叛变。张掖太守彭晃也叛变，东面联结西平康宁，西面又联络王穆。吕光想亲自出击彭晃，诸将都说："西平康宁伺机而动，如果彭晃、王穆也没有杀掉，康宁却突然前来袭击，这就进退狼狈，形势非常危险。"吕光说："你们说得很对。但是，我今天如不主动出击，是等待别人进攻。如果这三股势力联合起来，东西夹击，姑臧城外就没有我的土地了。目前彭晃初叛，与康宁、王穆还没有密切地结合起来，我如攻其不备，也容易取胜。"于是，吕光率3万骑兵，日夜兼程赶到张掖，用20天时间攻破了张掖城，杀了彭晃。

吕光平定凉州，建立后凉，杜进有很大的功劳。所以，吕光任杜进为武威太守，并参与后凉朝政，地位在群僚之上。太元十三年（388年）三月，吕光的外甥石聪从关中来到姑臧，吕光问他："中州人对我的评价如何？"石聪直言不讳地说："中原人只听凉州有个杜进，没有听到过舅父的名字。"吕光于是忌妒杜进，设计杀了他。

太元十四年（389年）二月，吕光自称三河王，改元麟嘉，置百官。太元二十一年（396年）六月，吕光不满足被称三河王，遂即天王位，改元龙飞，以世子吕绍为太子，封子弟为公侯者20人，以中书令王详为尚书左仆射，著作郎段业等5人为尚书。并派使者拜秃发乌孤为征南大将军、益州牧、左贤王。乌孤对使者说："吕王诸子贪婪成性，三个外甥暴虐无道，远近的人都很愁怨，我怎能违背百姓的心愿，受不义之爵位！我还是要集中精力经营自己的事业。"只留了鼓吹、羽仪。

隆安元年（397年）正月，凉王吕光以西秦王乞伏乾归反复无常，举兵讨伐。乾归群臣劝他到成纪暂时躲避，乾归说："军事的胜败，在于用兵的巧拙，不在数量的多少。吕光兵虽多而无章法，其弟吕延有勇无谋，没有怕的必要。而且他的精兵都在吕延手中，只要打败了吕延，吕光就自动走了。"吕光屯扎长最城（今甘肃永登境内），派吕纂率步骑3万攻金城。乞伏乾归率众2万增援，没有赶到，吕纂已夺取了金城。吕光又派将军梁恭等率1万多甲卒经阳武下峡（今宁夏固原市原州区西）与秦州刺史没弈干攻西秦东线，吕延率枹罕的军队攻临洮、武始、河关，都取得了胜利。乾归派人欺骗吕延说："乾归士卒已溃散，本人逃往成纪。"吕延轻骑追击，司马耿稚劝说："乾归勇略过人，哪能望风自溃？以前打败了王广、杨定，都是以残兵引诱的。今来者表情异常，必定有诈。我们应正式排列军阵，步兵、骑兵都应到各自的位置，等军队集结好了，然后再出击，一定会攻克他。"吕延不听，盲目进军，与乾归遭遇，自己首先战死，耿稚与将军姜显收罗散兵，还屯枹罕。吕光也引兵返回姑臧。

张掖卢水胡人沮渠罗仇，是匈奴沮渠王的后裔，世为部帅。吕光以沮渠罗仇为尚书，跟随他一并攻伐西秦。吕延战死后，沮渠罗仇弟弟三河太守沮渠罗粥对兄长说："吕光年老，爱听信谗言。今军败将死，正是他猜忌好人的时候。我兄弟肯定为他所不容，与其不明不白地死去，不如奔向西平，只要我们号召，夺取凉州是很容易的事。"罗仇答道："你说得很正确。但是，我家世以忠孝著称，宁使人辜负我们，我们不忍心辜负别人。"隆安元年四月，吕光果然听信谗言，以败军之罪杀了沮渠罗仇及沮渠罗粥。

隆安元年八月,北凉散骑常侍郭黁对仆射王详说:"吕光年老多病,太子吕绍无能,吕纂凶狠强悍,一旦吕光死去,必起祸乱。我二人一直处在机要岗位,他们常常切齿痛恨,我们随时都有掉头的危险。王乞基部落最强,东、西二苑的兵力大部分是他的旧众。我想和你举事,如推王乞基为主,二苑的兵力就都是我们的。只要夺取了姑臧城,后面的事再逐步商议。"王详随即答应。一天晚上,郭黁发动二苑的卫兵烧了洪范门,派王详为内应。但是,事情发生后,王详还没来得及策应,就被吕氏所杀,郭黁遂据东苑叛变。隆安二年(398年)二月,后凉后将军杨轨以其司马郭纬率领步骑2万和郭黁会合。南凉秃发乌孤遣其弟秃发傉檀帅1万骑兵助杨轨。杨轨军至姑臧,屯扎于城北。四月,吕纂攻击杨轨,因有郭黁增援,吕纂失败而归。六月,杨轨自恃兵马很多,想与吕光决战,郭黁一再劝止。吕光使吕纂率兵迎接镇守张掖的吕弘。杨轨说:"吕弘有精兵1万,如与吕光会合,姑臧势力越强大,则无法攻取。"便与秃发利鹿孤共同截击吕纂,被吕纂打败,杨轨投奔王乞基,郭黁投降了西秦。

隆安三年(399年)十二月,吕光病重,立太子吕绍为天王,自号太上皇帝。以太原公吕纂为太尉,常山公吕弘为司徒。不久后吕光病逝,享年63岁。

建立南凉政权的秃发傉檀

秃发傉檀,河西鲜卑人,其先与北魏拓跋部同出一源。八世祖匹孤率部落从塞北迁至河西,匹孤去世后,其子寿阗被推为首领。寿阗去世后,其孙树机能被立为首领。西晋初,树机能杀了秦州刺史胡烈,打败了凉州刺史苏愉,占据了凉州全境。后来被马隆打败,其部下杀了树机能,投降了马隆。从弟务丸被立为首领。务丸去世,其孙推斤被立为首领。推斤去世后,子思复鞬被立为首领。傉檀,就是思复鞬的儿子。

隆安元年(397年)正月,傉檀的兄长秃发乌孤自称大都督、大将军、大单于、西平王,改元太初,建都廉川(今青海乐都县东),是为南凉。隆安二年(398年)十二月,秃发乌孤改称武威王。次年正月,迁都城到了乐都(今青海乐都)。这年八月的一天,乌孤因酒醉从马上掉下来伤了肋骨,不久便病逝。其弟秃发利鹿孤继承了武威王,又迁都城到西平。隆安五年(401年)正月,利鹿孤改称河西王。元兴元年(402年)三月,利鹿孤病逝。其弟秃发傉檀即位,更称凉王,改元弘昌,再次迁都城到了乐都。

后秦姚兴遣使拜秃发傉檀为车骑将军、广武公,派建节将军王松匆率骑兵协助后秦凉州刺史吕隆守姑臧。王松匆到达魏安(今古浪县大靖镇境内),傉檀弟第文真袭击并俘虏了王松匆。傉檀因怕姚秦的强盛,对其弟的行为十分生气,送王松匆回长安,并诚恳道歉。

元兴二年(403年)七月,南凉王秃发傉檀及北凉沮渠蒙逊同时出兵攻后凉秦州刺史吕隆。吕隆考虑到姑臧终归难以独立存在,乃派吕超禀报秦王姚兴,他们想赴内地。姚兴派尚书左仆射齐难、镇西将军姚诘、左贤王乞伏乾归、镇远将军赵曜率步骑4万,到河西迎吕隆。傉檀遂收昌松、魏安二兵力暂时躲避。八月,齐难等到姑臧,吕隆素车白马迎于道旁。齐难以司马王尚任凉州刺史,配兵3000镇守姑臧;以将军阎松任苍松太守,郭将为番禾太守。又迁徙吕隆宗族、僚属及百姓共1万户至长安。

姑臧水草丰美,物产富饶,城市繁华,秃发傉檀非常向往。东晋义熙二年(406年)六月,秃发傉檀伐北凉沮渠蒙逊,蒙逊婴城固守。傉檀至赤泉(今民乐县红水)而返回,给姚兴献马3千匹,羊3万头。姚兴以秃发傉檀为都督河右诸军事、车骑大将军、凉州刺史,镇守姑臧,调王尚回长安。凉州人申屠英等遣主簿胡威到长安请求挽留王尚。姚兴已明白上了傉檀的圈套,决定收回成命,派人阻止王尚回长安,并告知傉檀。但是,傉檀已率步骑3万屯扎于姑臧城南的五涧,逼迫王尚还长安。王尚从姑臧中城东面的青阳门出城,傉檀自姑臧城南面的凉风门入城。别驾宗敞送王尚赴长安,傉檀对宗敞说:"我得凉州三千余家,最信任的只你一人,奈何你又舍我而去呢?"宗敞说:"今送旧君,也是忠于你呀!"傉檀说:"我刚到凉州任职,怎么样才能怀远安近?"宗敞说:"凉州地方虽然偏僻,但地理位置很重要。您如能爱抚百姓,任用贤才,何愁没有政绩!"宗敞遂向傉檀推荐了凉州文武名士10余人,傉檀都给予重用。

义熙三年(407年),傉檀将西平、湟河的3万多户羌人迁到武兴、番禾、武威、昌松四郡。九月,征集戎、夏兵5万多人伐北凉沮渠蒙逊,两军交战于均石(今张掖东、永昌西),被蒙逊打败。后又率2万骑兵,运谷4万石守西郡,又被蒙逊所攻破。十一月,夏主赫连勃勃率2万骑兵击傉檀,攻到枝阳(今永登县境内),杀伤1万多人,驱赶2.7万多人,几十万马、牛、羊返回。傉檀率众追击,直至阳武下峡(今宁夏固原西),被勃勃反攻大破,杀伤以万计,名臣勇将死者10余人,傉檀与几名骑兵逃奔南山,几乎为夏国追兵俘获。傉檀怕外寇进逼,迁300里以内的百姓都到姑臧县。义熙四年(408年)五月,姚兴派中军将军姚弼、后军将军敛成、镇远将军乞伏乾归率步骑3万袭击傉檀。大军至漠口,昌松太守苏霸闭城坚守,姚弼派人劝降,苏霸说:"你们违背盟誓,东伐向你们称臣的顺民,天地如有灵,也不保佑你们。我宁为南凉的鬼魂,也不投降你们。"姚弼攻破昌松城,斩了苏霸,长驱至姑臧。傉檀婴城固守,出奇兵击姚弼,姚弼败退,据守西苑。姑臧城内有人谋为内应,傉檀杀了5千多人。傉檀命令各郡县把牛羊散于郊野,敛成纵兵抢掠,傉檀遣镇北大将军俱延,镇军将军敬归等夹击,秦兵大败,斩首7000余级。十一月,秃发傉檀复称凉王,改元嘉平,置百官;立夫人折掘氏为王后,世子虎台为太子,录尚书事;左长史赵晁、右长史郭幸为尚书左右仆射,昌松侯俱延为太尉。

傉檀曾遣左将军枯木等讨伐沮渠蒙逊,掠临松(今张掖南山)1000多户而还。蒙逊也曾攻打南凉,至显美(今永昌县东南),掠数千户而去。义熙六年（410年）三月，傉檀率5万骑兵伐蒙逊，战于穷泉，傉檀大败，只身奔还。蒙逊乘胜进围姑臧城内，1万多户投降了蒙逊。傉檀惧怕，遣司隶校尉敬归及子秃发佗为人质，要求与蒙逊讲和。

南凉右卫将军折掘奇镇据石驴山叛变，傉檀害怕蒙逊威逼，又怕岭南为奇镇占据，于是迁都城到乐都，进留大司农成公绪镇守姑臧。傉檀刚刚出姑臧城不久，魏安人侯谌等闭门作乱，集结3000余家，占据姑臧南城，推焦朗为大都督、龙骧大将军，侯谌自称凉州刺史，投降了沮渠蒙逊。义熙七年（411年）二月，焦朗想坚守姑臧，进行割据。沮渠蒙逊攻占了姑臧城，以其弟沮渠拏为秦州刺史，镇守姑臧。

蒙逊既得姑臧，又乘胜向南。傉檀遣安北将军段苟、左将军云连经番禾以攻打其后，迁3000余家至西平。蒙逊围攻乐都，一个月无结果，派人对傉檀说："你如以宠子为人质，我就回师。"傉檀说："去留随你的便。你违盟无信，我提供的什么人质！"蒙逊生了气，筑室反耕，要打持久战。在群臣劝导下，傉檀以儿子安周为人质，蒙逊才退兵。傉檀不听劝告，又伐沮渠蒙逊，分五路进军，至番禾、苕藋，掠5000户而还。归途中遇昏雾风雨，蒙逊兵已赶到，傉檀败走。蒙逊进围乐都，傉檀婴城固守，又以其子秃发染干为质请和，蒙逊才肯撤兵。义熙九年（413年）四月，傉檀又伐蒙逊，被蒙逊打退，进而围攻乐都。南凉湟河太守文支投降了蒙逊，蒙逊再度攻伐南凉，傉檀以太尉俱延为质，蒙逊于是返回姑臧。

义熙十年（414年）五月，唣契汗、乙弗等部落背叛南凉，傉檀率7000骑兵征讨，留太子秃发虎台驻守乐都。一天晚上，西秦乞伏炽磐攻破了乐都，迁徙文武百官和百姓1万多户至枹罕。六月，傉檀因妻子都被炽磐所俘虏，无所依归，亦投奔炽磐。七月，炽磐以傉檀为骠骑大将军，赐爵左南公，南凉遂亡。一年后，傉檀被炽磐用药酒毒死，年仅51岁，谥号景王。

另立北凉政权的沮渠蒙逊

东晋咸安元年（397年）四月，凉王吕光杀了尚书沮渠罗仇和三河太守沮渠罗粥。罗仇的侄儿沮渠蒙逊对其部族说："吕王荒淫无道，滥杀无辜。我今想与诸部落共雪二父之耻，复上世之业。"众人高呼万岁，遂结盟起兵，首先攻拔了后凉临松郡，屯据金山（今山丹大黄山）。五月，蒙逊从兄、后凉将军沮渠男成听到蒙逊起兵，也聚众数千人屯扎乐涫，进攻北凉建康郡，推建康太守段业为大都督、龙骧大将军、凉州牧、建康公，改元神玺，是为北凉。段业以沮渠男成为辅国将军。这时，蒙逊也率众归段业，段业任命蒙逊为张掖太守、镇西将军。隆安二年（398年）六月，因姑臧发生了杨轨、郭𪓰之乱，后凉吕弘放弃张掖，引兵东走，北凉段业将治所迁至张掖。次年（即399年）二月，段业即凉王位，改元天玺。以蒙逊为尚书左丞，梁中庸为右丞。隆安五年（401年）四月，段业害怕蒙逊有勇略，与自己不利，想疏远他，罢免了蒙逊张掖太守职务，又杀其从兄沮渠男成。蒙逊至氏池（今民乐县），聚众一万。北凉镇军将军臧莫孩也率部投降了蒙逊。五月，蒙逊至张掖，杀了段业。

沮渠蒙逊，临松卢水胡人。其先世为匈奴左沮渠，遂以官为氏。蒙逊博涉群史，颇晓天文，雄杰有英略。

元兴元年（402年）十二月，北凉西郡太守梁中庸叛逃西凉。蒙逊听到后笑着说："我待中庸，情同骨肉。如今他不信任我，是他自己辜负自己。我成事业难道只靠他一个人吗？"遂将中庸的家眷送往西凉。东晋义熙六年（410年）三月，南凉王秃发傉檀率5万人伐北凉，在穷泉交战，南凉全军覆没，傉檀一个人逃了回去，蒙逊保证了北凉的安全。傉檀既怕蒙逊进逼，又怕丢失岭南，遂将南凉国都由姑臧迁至乐都。傉檀前脚出姑臧城，姑臧遂为焦朗占据。义熙七年（411年）二月，蒙逊赶走了焦朗，在姑臧中南城谦光殿宴请文武将士。义熙八年（412年）十月，北凉都城由张掖迁至姑臧。十一月，蒙逊即河西王位，大赦，改元玄始，置官僚，缮宫殿，起城门诸观。

沮渠蒙逊笃信佛教，在姑臧天梯山开凿石窟寺，大造佛像。这一时期，昙无谶在姑臧城翻译出《大般涅槃经》等十几部大乘经典。北魏灭北凉后，从姑臧迁去了大批僧侣和能工巧匠。大同云冈石窟最早的几个洞窟就是姑臧僧人昙曜主持并率领凉州工匠们开凿的。

沮渠蒙逊很重视发展汉族文化，重用汉族知识分子。永初元年（420年）七月，蒙逊在蓼泉和西凉国王李歆交战，杀了李歆，西凉灭亡。他在西凉长史宋繇的卧室里看到几千卷书，兴奋地说："我并不因为灭了西凉而高兴，高兴的是得到了宋繇这位大学者。"他任命宋繇为北凉吏部郎中，委以选举重任。蒙逊临终时，将他的儿子托付给宋繇辅佐。他还任命西凉著名学者刘昞为北凉秘书郎，在姑臧城西苑修建陆沉馆，让刘昞在那里讲学授徒，著书立说。西凉学者敦煌人阚骃，曾注王朗《易传》，撰《十三州志》。蒙逊给他配备文吏30人，帮他典校经籍，刊定诸子3000多卷。西凉其他旧臣凡有才学和声望者，他都量才使用。北魏灭北凉后，从姑臧迁去了一大批知识分子，对北魏政治和文化教育的发展起了重要作用。如敦煌人索敞，曾为刘昞助教，专心经籍，继承和发扬了刘昞的学术思想。到北魏任中书博士，讲学十余年，改变了北魏一时崇尚武功，不重视文教的风气，培养了一代文人学士，其中位至尚书、牧守者数十人。敦煌人张湛，任北凉黄门侍郎、兵部尚书，到北魏开展学术活动，为司徒崔浩所敬重。金城人宗钦，任北凉中书侍郎、世子洗马，撰《蒙逊记》10卷，到北魏任著作郎。金城人赵柔，任北凉金部郎，到北魏任著作郎。武威姑臧人段承根、阴仲达到北魏后，崔浩认为他们"二人俱凉土才华"，推荐他们"同修国史"任秘书著作郎。

元嘉十年（433年）四月，沮渠蒙逊病逝，年仅66岁，他的儿子沮渠牧犍即河西王位,改元永和。元嘉十六年(439年)九月,北魏攻灭了北凉,迁沮渠牧犍宗族及吏民3万户至平城。

附表二

历代职官简表

姓 名	字 号	生卒年	籍 贯	仕宦	备 注
窦 融	字周公	前16—62年	扶风平陵	曾任凉州牧、张掖属国都尉	谥号戴侯
梁 统	字仲宁		安定乌氏	曾任武威太守	
任 延	字长孙		南阳宛任	曾任武威太守	
张 奂	字然明	103—181年	敦煌渊泉	曾任武威太守	
张 既	字德容	?—223年	冯翊高陵	曾任凉州刺史	谥号肃侯
毋丘兴			河东闻喜	曾任武威太守	
徐 邈	字景山	171—249年	燕国蓟	曾任凉州刺史	谥号穆侯
范 粲	字承明	201—285年	陈留外黄	曾任武威太守	
马 隆	字孝兴		东平平陆	曾任武威太守	
阚 骃	字玄阴		敦煌	曾任北凉姑臧太守	
宋 繇	字体业		敦煌	曾任北凉尚书吏部郎中	谥号恭
史 宁	字永和	?—563年	建康表氏	曾任凉州刺史	
贺娄子干	字万寿	534—594年	代	曾任秦州刺史	

续表：

姓 名	字 号	生卒年	籍 贯	仕宦	备 注
樊子盖	字华宗	544—616年	庐江	曾任武威太守	
杨恭仁		？—639年	弘农华阴	曾任凉州总管	谥号孝
李大亮		585—644年	雍州泾阳	曾任凉州都督	谥号懿
王孝杰			京兆新丰	曾任武威军总管	
郭元振	名震		魏州贵乡	曾任凉州都督、陇右诸军大使	
王君㚟	字威明		瓜州常乐	曾任河西节度使	
王忠嗣		704—749年	太原祁县	曾任河西节度使	
王 维	字摩诘	701—761年	太原祁县	曾任河西节度使判官	
丁惟清				曾任北宋西凉府知府	
宋 晟	字景阳	？—1407年		曾任凉州卫指挥使	
孙思克	字荩臣	？—1700年	汉军正白旗	曾任甘肃总兵	谥号襄武
铁 珊	字绍裴		汉军正白旗	曾任甘凉道道员	
文 楠	字天府		四川涪州	曾任镇番县县令	
牛再坤	字厚载	1886—1934年	甘肃狄道	曾任民勤县县长	

第三节　寄居人士

教北魏皇子读书的程骏

程骏，字驎驹，广平曲安（今河北曲周县）人。六世祖程良，曾任晋都水使者，因犯罪流落至凉州。祖父程肈，后凉吕光时任人部尚书。程骏小时候孤且贫，曾在北凉刘昞门下读书。刘昞曾对学生们说："程骏是一个极聪明的孩子！"程骏对刘先生说："今天儒家的大学者都说老庄其言荒诞，不切实际，不可以经世。我以为不然。老子著抱一之言，庄生申性本之旨，像这样，可说是很合乎自然规律。"刘昞说："你年纪很小，说的话却很老成，你的前程很有希望。"由此名声大震。后来沮渠牧犍任命程骏为东宫侍讲。

太延五年（439年），北魏平凉州，程骏迁至代京（今山西大同），很受司徒崔浩赏识。兴安元年（452年），文成帝拓跋濬即位，任命程骏为著作郎。皇兴（467—471年）中，献文帝拓跋弘常和程骏讨论《易经》《老子》大义，曾对群臣说："我与程骏谈论学术，总觉得启发很大。"

程骏性格耿直，不谋名利。太和九年（485年）正月病重，孝文帝及文明太后遣使看望，派御医诊断，赐以汤药。病逝后，被赠兖州刺史、曲安侯，谥号宪。

被誉为"儒林先生"的常爽

常爽，字仕明，河内温（今河南温县）人。祖父常珍，曾任前秦南安太守，因世乱，遂居凉州。父亲常坦，西秦时任镇远将军、大夏镇将、显美侯。常爽幼时笃志好学，博闻强识，读书很多。

魏太武帝西征至凉州，常爽与兄弟仕国竭诚投奔军门，太武帝嘉其志，赐常仕国爵五品，显美男；常爽为六品，拜宣威将军。这时，北魏战事频繁，贵族子弟受教育的机会很少。常爽在温水右侧（温水当在平城附近，今山西大同市）置学馆，教授门徒700余人，京师兴办文教事业的风气大振。常爽对学生要求很严格，他制订了一套完善的管理办法，尚书左仆射元赞、平原太守司马真安、著作郎程灵等都是常爽的高足弟子。崔浩、高允都称赞常爽的严教和奖励有方。在教授之暇，常爽著有《六经略注》等，以训门徒。

常爽喜欢独守闲静，讲习经典20余年，时人号为"儒林先生"，终年63岁。

"明究群籍"的郭荷

郭荷，字承休，略阳（今秦安县）人，出生在一个"以经学致位"的士人家庭，其生卒年不详。

少年时代的郭荷随着父母一直生活在家镇略阳，过着无虑无虑的生活。此时的略阳属于略阳郡下辖的一个小县，山清水秀，人文鼎盛，渭河的一条主要支流——葫芦河，纵横南北，水声滔滔。孩提时的郭荷就特别聪慧，异于常人，常常得到私塾先生的夸赞。稍长后，郭荷更加勤奋用功，"明究群籍，特善史书"，是当地公认的第一才子。

据史书记载，略阳官府多次请郭荷做官，他都是恪守祖训，一一婉拒，"不应州郡之命"，在家里忙时耕种，闲时持卷读经。

郭荷是在哪一年抵达河西走廊，来到今天张掖东山寺讲学，具体年代亦实难考证。但我们可以想象，永嘉之乱，中原烽火连连，哀鸿遍野，士人纷纷或到江左，或到河西避难，与关中地区邻近的略阳自然而然地也处于兵荒马乱之中，人心惶惶，为了能在乱世中求得一线生机，谁都想逃到相对安定的地方。此时，郭荷及家人也便随着西迁逃难的人流来到了河西走廊的重镇——凉州。

一天，郭荷进入了河西走廊的第一站——姑臧城。这里是当时前凉政权的都城，是行政、军事、经济、文化中心，有当时西北地区最富丽堂皇宫殿群——谦光殿及四时殿，亭台楼榭更是不计其数，所以许多避难的士人都选择留在姑臧，凭其满腹的才学和携带的财富在前凉政权谋得一官半职。但郭荷与其他士人不一样，他淡泊官场，无意宦途，不打算留在姑臧，便选择继续西行，来到张掖，最后选择在城东三十余里的合黎山隐居。

郭荷在合黎山隐居时，居住在东山寺。在东山寺隐居期间，一是为解决生计问题，二是有感于当地文风闭塞，郭荷便重拾经书，在东山寺聚徒讲学。他所讲内容是从关中带来的最新经学知识，这让当地士子耳目一新，如沐春风，一传十，十传百，听讲者与日俱增，影响久远。

353年，前凉发生了一系列的大事。这年11月，前凉王张重华病逝，其子张曜灵即位，因年幼无知，由其伯父张祚辅佐朝政。张祚可不是等闲之人，不久便杀死侄子张曜灵，自立为凉王。

张祚自称凉王的第二年（354年），为巩固权位，便想方设法拉拢了一大批当地士人。一天，张祚便派人去张掖请郭荷出山，让他当博士祭酒。其实，在张祚请郭荷出山之前，张掖当地的官府也曾延期郭荷，但都被他回绝了。郭荷隐居不仕的故事在当时的河西走廊一带已经传遍。为了能请回来郭荷，张祚也是用足了心思，不仅许以重职，还给予最高的礼遇——安车束帛。从张祚用安车延请郭荷，可以看出张祚也非常尊重士人，求贤若渴。当然，这也显示出那时的河西，郭荷是士人阶层中首屈一指。

一日，张祚派出的使者来到了张掖东山寺，在郭荷学生的引导下，在一间佛殿里，郭荷接见这位前凉使者。使者见到郭荷后便说是前凉王张祚请他到姑臧城当官，任博士祭酒。因有祖训遗风，郭荷不假思索，当面回绝。但这位前凉使者有命在身，在来之前，张祚交代不论怎样都要把郭荷弄回姑臧，不然就杀死郭荷。面对这种生死抉择和考量，郭荷选择了屈服，随这位前凉使者踏上了东去姑臧城的漫漫长路。

郭荷静静地坐在安车上，河西走廊的雪山、戈壁、森林等美景在眼前一帧帧闪过，虽然享受着当时最高的礼遇，他的心里却没有一丝欢喜。经过数日的颠簸后，一日，郭荷来到了姑臧。在博士祭酒任上，郭荷尽职尽责，勤勉讲授。不久，张祚又改任他为太子友。太子友，仅是前凉时期置的一种官衔，应该说是张祚为郭荷独设，主要职责是辅佐太子，与后世的太子太傅、太子太保、太子少保、太子少师等一样。郭荷对这类职务非常不适应，他想他的满腹所学应该讲授给更多的人，让更多人受益，而不是卖于帝王家。不久，他便以年老多病为由，上书乞还。张祚将郭荷的上书言辞决绝，毫无回旋余地，难以挽留，便应允其返回。

这一次，张祚以更高规格的礼遇——安车蒲轮，把郭荷送到张掖东山寺。蒲轮，就是用蒲草裹车轮，使车子不致震动颠簸。到东山寺后，郭荷仍然过着隐居讲学的生活，他"尽传其学"，周围又聚拢起一大批踏实学习的士子。

84岁那年的一天，郭荷无疾而终，离开了追随他的学生。谥号玄德。

善于"雅辩谈论"的郭瑀

郭瑀，字元瑜，敦煌人，生卒年不详，盛年时期约在前凉中后期。据史载：郭荷在少年时便有"超俗之操"，胸中有与常人不同的志向。前凉时期，敦煌为郡县，是前凉政权在河西走廊西端边境的小县城。此时，敦煌虽然是东西方文化交流碰撞的重镇，但与河西走廊的其他城市相较，还是显得不够繁华，真正的读书人比较少。不满足于现状的郭瑀决定东行，到大城市拜师求学。一日，他便向家人辞行，踏上了东去的路途。在行至张掖时，他听说在东山寺讲学的郭荷学问非常大，遂登临东山寺，拜在其门下学习。郭荷广聚天下英才而教之，此时聚拢在他身边的学子有数百人，他没有拒绝这位从敦煌来的好学少年。

寒来暑往，郭荷跟随郭瑀在东山寺学习多年。对于这位学生，郭荷非常喜欢，疼爱有加，"尽传其业"，郭瑀也跟随老师认真学习，不懂就问，得到了老师的真学。《晋书·郭瑀传》赞道：(郭荷)精通经义，雅辩谈论，多才艺，善属文。

郭荷、郭瑀虽然同姓，但不同宗、不同族。在诸多弟子中，郭瑀一直追随、陪伴着郭荷，亦父亦子，亦师亦生，感情非常笃厚。郭荷病逝后，据《晋书·郭瑀传》记载：(郭)瑀以为父生之，师成之，君爵之，而五服之制，师不服重，盖圣人谦也，遂服斩衰，庐墓三年。

三年守墓结束后，郭瑀从张掖东山来到了南山的临松。到临松后，郭瑀与当年的郭荷一样隐居南山中，过起了教徒著述的生活。史书上称，郭瑀隐居之地为"临松薤谷"。

郭瑀在临松薤谷隐居期间，被后世史学家所记述的一件重要事情是"凿石窟而居"。他的这一举动，为后世所延续，继而产生了马蹄寺石窟群，成为甘肃境内除敦煌莫高窟、麦积山石窟、炳灵寺石窟之外的第四大石窟寺群。

郭瑀在临松薤谷隐居期间，一方面修身养性，"服柏实以轻身"；另一方面承担起了在河西地区招收后学传道授业的职责，"作《春秋墨说》《孝经错纬》，弟子著录千余人"，可以想见当年临松薤谷一带师生济济一堂，书声琅琅的情景。

郭瑀在临松薤谷声名鹊起，自然而然地引起了前凉政权的关注。一日，前凉王张天锡派遣一位使者去张掖南山请郭瑀出山。这位使者名叫孟公明，生卒年不详。张天锡非常敬仰郭瑀，他要求孟公明用蒲草扎在小车轮子上以防颠簸，另外还备好几束玄纁去请郭瑀。同时，张天锡还抱有深情地给郭瑀写了一份长信，主要内容如下："先生潜光九皋，怀真独远，心与至境冥符，志与四时消息，岂知苍生倒悬，四海待拯者乎！孤忝承时运，负荷大业，思与贤明同赞帝道。昔传说龙翔殷朝，尚父鹰扬周室，孔圣车不停轨，墨子驾不俟旦，皆以黔首之祸不可以不救，君不独立，道由人弘故也。况今九服分为狄场，二都尽为戎穴，天子僻陋江东，名教沦于左衽，创毒之甚，开避未闻。先生怀济世之才，坐观而不救，其于仁智，孤窃惑焉。故遣使者虚左授绥，鹤企先生，乃眷下国。"

这是一篇文采飞扬、情真意切的书信，应该是张天赐亲笔撰文书写。在这篇书信中，张天赐不仅竭尽溢美之词，还分析了当时的时局，动之以情、晓之以理，读来令人非常感动。

数日后，孟公明来到了张掖南山，见到了郭瑀，送上了带来的布帛和张天赐的亲笔信。郭瑀展信读后，指着在天空中飞翔的一只大雁说："此鸟也，安可笼哉！"再没有说一句话。孟公明不懂郭瑀所说的是什么意思，一脸茫然。孟公明再问，郭瑀一言不发，遂转身走进石洞读书去了。

这天晚上，郭瑀乘孟公明等人熟睡，偷偷地跑进了深山，躲藏了起来，他认为这样孟公明就找不到，便返回姑臧交差。孰知，第二天一大早，孟公明找不到郭瑀，便把他的门生弟子给绑了起来，扬言说见不到郭瑀，便杀了他的全部门生。并放了几个门生去给郭瑀送信。郭瑀得知这一消息后，被逼无奈，为了保全弟子们的性命，他只好返回南山石洞。见到孟公明后，郭瑀感叹道："吾逃禄，非避罪也，岂得隐居行义，害及门人！"无奈之下，郭瑀只好随孟公明来到姑臧。

经过数天的行程，一日，郭瑀来到了姑臧城。虽然乘坐着当时最高级的车子，但一路上还是非常颠簸。这时候恰巧张天赐母亲严氏去世，作为臣子，郭瑀"括发入吊，三踊而出"。这时，张天锡正处于内忧外患，无暇顾及过多地关注请来的郭瑀。郭瑀便乘机返回了南山，继续授徒讲学。

郭瑀不仅显名于河西走廊，而且名声远播于中原一带，也是赫赫有名。苻坚灭掉前凉后，便用安车请郭瑀到长安为其确定一些礼节仪式。这时的苻坚气势正盛，郭瑀不好拒绝。恰巧，郭瑀的父亲病逝，这为他找了一个好借口。所以，郭瑀继续留在了张掖南山，一边为父收守墓，一边为太守辛章派来的三百多书生受业。

383年，苻坚在淝水之战被东晋打败，随其南征的张天锡乘败乱逃往江南，投奔了东晋。他的儿子张大豫还留在长安，闻听父亲叛逃，心中非常恐惧，害怕苻坚会开罪于他，便偷偷地带着家人藏在了前秦长水校尉王穆家中。后来，张天锡随着王穆继续潜逃，来到了河西走廊，被鲜卑秃发部收留。在秃发部首领树机能玄孙秃发思复鞬的帮助和汉族豪望的支持下，开始了复辟前凉的活动。

386年11月，魏安（今古浪县东）人焦松、齐肃、张济等起兵数千奉迎张大豫，并攻下后凉昌松郡（治今古浪县西），击败吕光派去镇压的杜进所部。接着，张大豫指挥军队进攻姑臧。当时，王穆等人得知姑臧城防牢固，城内粮储丰富，吕光的军队士气又盛，认为不如向吕光防守薄弱的地方进军，先取岭西（今张掖境内祁连山岭以西），厉兵秣马，积蓄军粮，待力量充足后再东征姑臧，实现坐定河西的宏图。但张大豫急功近利，听不进王穆的劝告，坚持要攻取姑臧。他自号抚军将军、凉州牧，改元凤凰，任王穆为长史，派他去联络建康（郡治今酒泉）太守李隰和祁连都尉严纯，让他们率兵东进，联合河西鲜卑军队共三万余，从南面攻打姑臧，而自己从城西进攻。他试图从西、南两个方向夹击，驱逐吕光出姑臧。然而当王穆与思复鞬等到达城南时，吕光突然兵出南门，打得王穆措手不及，并杀鲜卑部帅奚于及其部下两万多人。姑臧城南战役失败后，张大豫的复国梦成为泡影。他带兵撤离姑臧，掠凉州百姓千余户，退往临洮（今岷县）。后凉将领彭晃、徐灵等带兵追击。387年春，彭、徐进攻临洮，张大豫败逃广武（治今永登县南），王穆逃往建康。八月，张大豫被广武郡人押送姑臧，接着被吕光处死。后来，王穆奇袭酒泉，自称大将军、凉州牧。

当初，王穆起兵时，曾派遣使者来到张掖南山向郭瑀问策。这一次，郭瑀没有回绝。因为他切身感受到了后凉吕光所实施的"严刑重法"，屡屡开罪于河西士人，无缘无故屠杀了许多名士和百姓，如姚皓、尹景等。有志士起兵反叛吕光，郭瑀自然欣慰，心底里非常佩服，感叹地说道：临河救溺，不卜命之短长；脉病三年，不豫绝其餐馈；鲁连在赵，义不结舌，况人将左衽而不救之！

郭瑀虽然在张掖南山教徒，但在老家敦煌依然有非常大的影响力。他派人给索嘏送去书信一份，商议起兵反叛吕光，以策应王穆，并且还召集兵卒五千，筹集粮食三万石，送到王穆军营。王穆非常高兴，没有想到河西大族竟然给予大力支持，便任命郭瑀为太府左长史、军师将军，索嘏为敦煌太守。虽然郭瑀被任命为将军，但还是一身书卷气，身在军中，"而口咏黄老，冀功成世定，追伯成之踪"。

王穆乃是一介蛮夫，听不进郭瑀的半点儿劝言。数日后，王穆带兵攻陷敦煌，杀死了索嘏。无奈之下，郭瑀毅然决绝地选择离开，他悔恨当初选择追随王穆，心中的丝丝悲痛油然而生，已是满面泪水。郭瑀独自走出酒泉城，在城门外，举手作揖，对着城头的王穆高声喊道："吾不复见汝矣！"

这次打击是沉重的，王穆的背信弃义，破灭了郭瑀"今民将左衽，吾忍不救之"的理想。回到家中的郭瑀，如一位病入膏肓的老者，躺在床上，用被子覆盖着脸，不和家人、弟子说话，也不吃端来的饭菜，这样的日子已经七天了，他每天早晚都在心中默默期盼早点儿死去，别再苟活于人世。一天晚上，他做了一个梦，梦见自己骑着一条青龙在天空中飞翔，到达居住的房子时青龙停了下来。惊醒后，郭瑀感叹道：龙飞在天，今止于屋。屋之为字，尸下至也。龙飞至尸，吾其死也。古之君子不卒内寝，况吾正士乎！

于是，郭瑀要求家人及弟子把他送回南山赤崖阁。这是他的成名之地，也是他一生最眷恋的地方。数日后，郭瑀饮气而卒，享年52岁，结束了亦隐亦仕的一生。

"蔚为儒宗"的刘昞

370年的一天，河西走廊最西端的敦煌县城内，一户刘姓人家诞生了一名男婴。这名婴儿的父亲叫刘宝，字子玉，是一位饱读经史典籍之士，在当地很有名望。望着刚刚出生的孩子，刘宝的心里有一种无法言说的欣喜，他给孩子取名"昞"。刘昞少小聪慧，记忆力超过常人，自能识字起，便在父亲的严格指导督促下阅读儒家经典，接受了良好的启蒙教育。

384年，刘昞已经是14岁的少年，知书达理，稳重成熟。一天，刘宝告诉儿子刘昞，有一位老乡叫郭瑀，是当今的大学者，学问渊博深厚，正在张掖东山上聚徒讲学，应该去拜他为师，继续深造学习。刘宝的这个决定是经过深思熟虑后告诉了儿子刘昞，刘昞听到父亲的消息后没有拒绝不希望远离父母去，也没有表示出异常的兴奋。因为，在刘昞内心里，他还是想走出去，到外面的世界看看，追随一位大师求教学习。

一天早上，少年刘昞背起行囊，向父亲辞别。行囊是母亲准备好的，里面装了一些常穿的衣物，还有他经常阅读的几卷书。出敦煌县城东门后，刘昞一路前行，风餐露宿，数十天后，来到了张掖东山。见到郭瑀后，刘昞满脸喜悦，急忙称呼"老师"，并报了父亲姓名及一路上的见闻。郭瑀瞧着这个小老乡虽是稚气尚存的少年，但深受儒家文化熏陶，礼节方面丝毫没有怠慢，便答应收在门下修习儒家经典。这个时候，东山上聚集着一大批河西走廊最优秀的读书人，人数最多时达600人，日复一日的朗朗书声，响彻了整个东山峡谷，也唱响了五凉学术繁荣的高歌。

在跟随郭瑀的学习中，特别是大家一起听老师讲学时，刘昞不像其他师兄弟一言不发，他总是向郭瑀提出一些疑惑难懂的问题。郭瑀是一位儒雅的长者，喜欢弟子们不懂就问，提出的问题总是给予耐心解答。因此，在平时的考核中，刘昞的学业在众多师兄弟中也是最优异的。看到刘昞对追求学问如此痴迷执着，为人如此厚道谦和，郭瑀心里想，这应该是他众多弟子中将来唯一有大成就者，若把自己的女儿嫁给刘昞，应该是最好的归宿。

那一年，郭瑀的女儿15岁，已到了谈婚论嫁的年龄，郭瑀心里着急，暗暗地在众多的弟子中物色一位良婿。看来看去，他更倾向于刘昞来做自己的女婿。

刘昞与郭瑀的女儿成婚后不久，便向岳父郭瑀辞别，带着妻子离开了张掖东山，隐居在了酒泉，过着读书讲学的日子。随着刘昞名气一天天大起来，当地官府屡屡派人来请他出山，担任儒学祭酒一类的官职，他亦一一回绝，像岳父郭瑀一样，领着五百多门生在山中读书修心。

日复一日，年复一年。刘昞在酒泉南山与五百门生不问世事，静读儒典，注解经史。但天不遂人愿，刘昞"不应州郡之命"的誓言约在401年的一天打破了。

400年冬月的一天，河西走廊朔风凛冽，白雪皑皑，自称西汉飞将军李广十六世孙的李暠在敦煌建立了一个国号为"凉"的政权。因地处河西走廊最西端，所以被史学家成为"西凉"，以区别前凉、后凉、南凉、北凉等政权。为稳定统治，李暠竭力罗致敦煌著姓豪门，隐居在东山的刘昞自然被写进了李暠邀请的名士簿录中。李暠不同于五凉时期的其他割据者和部族首领，他自幼受到良好儒家教育，"通涉文史，尤善文义"，喜欢结交社会名士。次年，李暠便派使者请刘昞出山，刘昞也早知李暠敬重士人，尊崇文化，便爽快地答应了，出任西凉政权的儒林祭酒从事中郎。在西凉朝廷中，刘昞得到了李暠的格外崇礼，在政务之余，两人常在一起谈论经史，昼夜切磋，令其他读书人煞是羡慕。

义熙十三年（417年）正月，李暠患病卧床，临终前对刘昞、宋繇等近臣说："我死以后，世子李歆就像你的儿子，你要好好训导他。"数日后，李暠去世，刘昞等一帮朝廷文武百官拥立李歆为大都督、大将军、凉公、凉州牧、护羌校尉。420年秋，在蓼泉一战中，李歆被北凉沮渠蒙逊所杀。北凉军队攻占西凉都城酒泉后，沮渠蒙逊下令禁止士兵侵掠百姓财产，并安抚百姓，对西凉旧臣也是"随才擢叙"。因为刘昞声名远播，被沮渠蒙逊拜为秘书郎，继续负责北凉朝廷的注记。

沮渠蒙逊每次到陆沉观见刘昞都是彬彬有礼，把刘昞称为"玄处先生"。当时，陆沉观中有学生数百人。每月，沮渠蒙逊还派人给刘昞和这群学生们送来美酒和羊肉。有一次，沮渠蒙逊在游林堂和群臣们谈论经时，与刘昞论起了才性的问题。

沮渠蒙逊说："孔子是什么样的人呢？"

刘昞答道："孔子是一位圣人。"

沮渠蒙逊问道："圣人者，不滞于物，而能与世推移。畏于匡，辱于陈，伐树削迹，圣人固若是乎？"

刘昞思索了一会儿，说道："嗯……这个不好回答。"

沮渠蒙逊又问道："您知道其外，不知道其内。以前，鲁国人出海一般不用渡口，便能顺利抵达澶州。有一次，孔子和他的七十二个弟子出海，与鲁国人共用一个木杖，鲁国人要求闭着眼睛乘坐。孔子回来后告诉鲁国国王要抓紧修筑城池防御敌人进攻。鲁国人出海，只要在水中投掷一根木杖，就像一条龙。孔子把这些实际情况告诉鲁国国王，国王还不相信。不久，一群燕子，有数万只，用嘴巴衔土增筑城墙。鲁国国王看到后深信不疑，命令加快修筑曲阜城防。但齐国来攻打鲁国时，久攻不下，齐国士兵只好返回。这就是孔子之所以被称为'圣人'。"

义和三年（433年）四月，沮渠蒙逊病逝。对于这位知己的故去，刘昞虽是贰臣，心中悲痛不已，非常感念。

在沮渠蒙逊病重时，北凉国内贵族和大臣们共同商议，认为沮渠蒙逊世子沮渠菩提年纪幼小，决定立沮渠菩提的哥哥沮渠牧犍为世子，并加授沮渠牧犍为中外都督、大将军、录尚书事。

439年，北魏攻占姑臧城，沮渠牧犍投降，北凉灭亡。北魏太武帝徙沮渠宗族及吏民三万户于平城（今山西大同），这其中便有一大批士人、能工巧匠。刘昞名声早已传遍中原，被北魏朝廷拜为乐平王从事中郎。当时，太武帝下诏，凡年龄在70岁的老人可以不去平成，继续留在姑臧城，并允许留下一个子女抚养。这时，刘昞已是70多岁的老人了，按照北魏的政策，他便决定留在了姑臧城。这年年底，刘昞思乡心切，遂于家人返回敦煌，在抵达张掖临松薤谷时，突发疾病而逝。

在五凉时期的学者中，刘昞的著述最多，不仅是在传世典籍中存目最多的学者之一，而且流传至后世的作品也属最多。据《魏书·刘昞传》记载：（刘）昞以三史文繁，著《略记》百三十篇、八十四卷，《凉书》十卷，《敦煌实录》二十卷，《方言》三卷，《靖恭堂铭》一卷，注《周易》《韩子》《人物志》《黄石公三略》，并行于世。

第五章　胜迹：留存在大地上的历史印记

武威古建筑、古遗址以及那些古老牌匾，是留存于凉州大地上的历史印迹，保留着传统家园的原始存在形态。古建筑之中的每一个细节都是古代工匠的智慧结晶，碧瓦飞甍、立柱门扉、重檐叠纹都在诉说着昔日古凉州的沧桑与辉煌。那些廊下的匾额，则是士人诗心的浓缩，语言的升华和哲理的精练。细观匾额上精湛飘逸的书法、质朴精深的文化、精美绝伦的雕饰、古朴典雅的色泽堪称中华匾额文化中的瑰宝。

走进武威古建筑、古遗址……感觉凉州大地这部厚重磅礴的"历史大书"，斑驳而丰富地呈现了历史嬗变进程中凉州先民寄托于故土的某种情绪与记忆，从中可以读出辈代传承、薪火相继的中华优秀传统文化思想。那些残存的高台殿基、残垣断壁……正是凉州先民在桑田沧海的演变中，留存下来的古代文化的斑驳遗迹。所以，古老的凉州总给以一种奇特的感觉。在这里，除了游历胜地佳景，还可寻觅故国家园的感觉、追寻先圣的梦想与历史的印迹。

第一节　古建筑

武威文庙　位于武威城东南隅，坐北向南，南北长170米，东西宽90米，占地面积15300平方米。据明正统四年（1439年）《凉州卫儒学记》碑载：文庙始建于明正统二年至四年（1437—1439年），后经明成化，清顺治、康熙、乾隆、道光以及民国年间重修扩建，逐渐完整，迄今五百余年。

第五章 胜迹：留存在大地上的历史印记

文庙状元桥

文庙由儒学院、圣庙、文昌宫三组建筑组成。现儒学院存忠烈祠、节孝祠等祠，圣庙、文昌宫两组建筑仍巍然屹立，气势磅礴，规模宏大。圣庙以大成殿为中心，前有泮池，后有尊经阁，中为棂星门、戟门，左右有名宦、乡贤祠和东西二庑。文昌宫以桂籍殿为中心，前有山门，后有崇圣祠，中为二门、戏楼，左右有牛公祠、刘公祠和东西二庑。整个建筑布局匀称，结构严谨，富有我国古代建筑庄严雄伟的特点。1973年以来，省、市多次对文庙进行大规模的维修，显得更加巍峨壮观。1981年9月10日，文庙被省政府公布为省级文物保护单位。1996年11月20日，国务院公布为全国重点文物保护单位。

海藏寺　位于武威市城西北的金羊镇李家磨村，是现存比较完整的一处古建筑群，占地面积11600平方米。海藏寺，又被明宪宗赐名"清化禅寺"。据清康熙《重修白塔寺碑记》记载：海藏寺在元代为凉州四大寺院之一。明成化年间，因颓废而重建。清康熙、雍正、乾隆年间，再度重修。同治间，寺遭兵燹，唯后殿及山门未受损失。光绪时，又加修葺，恢复旧观。海藏寺坐北向南，主要建筑分布在一条南北走向的中轴线上。沿中轴线，前面为一座木构牌坊，正面檐额上书"海藏禅林"，四柱三间，古朴玲珑，颇具建筑艺术特色。进山门，迎面是一座雄伟庄严的大雄宝殿，重檐歇山顶，面宽五间，进深三间，周围绕廊。大殿后面紧连面宽五间的后殿和转角楼，东西两侧为宽阔的廊房。穿过转角楼，跨越天桥，登上灵钧台，海藏美景尽收眼底。据清光绪三十四年（1908年）《晋筑灵钧台》碑记："东晋明帝太守中凉王张茂筑古台"。可见，此台也属张氏灵均台遗址。台上有天王殿、无量殿，是海藏寺的主体建筑，不仅建筑本身有其重要的科学、艺术价值，同时也因殿内曾藏有大量珍贵的经卷而闻名远近。无量殿为明成化二十三年（1487年）重修。寺内存有碑记三块：明成化二十三年（1487年）《重修古海藏禅寺劝缘信宫檀越记》、乾隆元年《海经阁记》、乾隆五十年（1785年）《修葺碑记》。1973年以来，省、市拨款对海藏寺进行了大规模维修。1982年，这里开辟为海藏公园，供群众参观游览。1981年9月10日，海藏寺被省政府重新核定公布为省级文物保护单位。

　　大云寺　位于武威城东北隅和平街小学旁。据唐景云二年（711年）《凉州大云寺古刹功德碑》记载："大云寺者，晋凉州牧张天锡升平之年所置也，本名宏藏寺，后改为大云，因则天大圣皇妃临朝之日，创诸州各置大云，遂改号为天赐庵。"唐时，寺内有七级木浮屠，也是张氏建寺之日造；西夏时，大云寺又叫护国寺，塔名为感通塔。大云寺是河西走廊的古刹名寺，也是张氏宫殿的遗迹所在。据《凉州重修护国寺感通塔碑》记载，前凉国王张氏宫殿，是修建在印度阿育王所建八万四千宝塔之一的基础上，张天锡知道后，才舍宫置寺复建塔。正因为如此，大云寺在历史上是佛教圣地。明时，日本沙门志满，就在这里主持募捐重修大云寺。直到明、清，大云寺仍然香火不断，兴盛不衰。1927年大地震以及后来人为的破坏，寺院基本被毁，唯有古钟楼岿然独存。为了保护古钟楼，又能使城内残存的火庙大殿和山西会馆春秋阁也能得到保护，集中统一管理，1981年将火庙大殿和山西会馆春秋阁及两廊房搬迁至古钟楼后面。这些建筑虽作用不同，风格各异，但也可与古钟楼互为掩映，相得益彰。古钟楼建造在九米以上的砖包土台上，挺拔俊秀，高耸入云。平面呈方形，歇山顶式，檐下施五铺作斗拱，拱出角较长，周有绕廊，明、清历经维修，保存较好。火庙大殿原在文化广场西侧，坐北向南，建筑规模较大，为境内较大的一座殿宇。大殿创建于明正德元年（1056年），后经清康熙五十五年（1761年）重建，民国十六年（1927年）大地震后部分又经修缮。大殿面宽三间，进深三间，平面近正方形，单檐歇山顶，出檐深远，并有飞椽，斗拱四铺作，单拱素枋。春秋阁原在城内山西会馆，也是一座规模较大的重楼建筑，面宽三间，周有绕廊，重檐歇山顶，为清代早期建筑之一。1993年3月29日，省政府公布为省级文物保护单位。

雷台观　位于武威市城东北，南北长106米，东西宽60米，高8.5米，用黄土夯筑而成。清乾隆《武威县志》记载："灵钧台，城北，晋张茂筑。"1969年9月，因台下出土铜奔马等诸多文物而驰名中外。现在，台上建筑主要是雷祖殿和三星殿。民国十六年（1927年）毁于大地震，民国二十二年（1933年）重建。三星殿为二层重楼建筑，面宽三间，周有绕廊，重檐歇山顶。雷祖殿，面宽三间，进深三间，有前后卷棚。1981年，对台上古建筑又进行了大规模的加固维修，同时搬迁了城内火庙大殿前卷棚为过殿。1986年又重修了山门围墙等附属建筑。1993年3月29日，省政府核定公布为省级文物保护单位。

下双大庙　位于武威城东北下双镇下双寨。下双大庙建在高约3-5米

武威雷台景区

的上下两层夯土台基上。大殿坐北向南，面宽三间，周围有廊，重檐歇山顶，斗拱已简化成彩枋，四角翘起，下为木质爪式作装饰，殿前有过殿三楹，东西两面有廊房。台下东南角有魁星阁一座，建筑在高约2米多的方形土筑台基上。魁星阁的平面为方形，面宽一间，周围有廊，两面辟门，东有台梯可以攀登，二层八角塔式圆顶，刹为绿色琉璃制成，自下而上有覆钵、露盘、圆光，顶略似葫芦形的宝瓶，表面光亮，色泽鲜艳，魁星阁内有嘉庆时八角藻井匾额一块，正书"笔点青云"四字。1993年3月29日，省政府重新核定公布为省级文物保护单位。

罗什寺塔　位于武威城北大街西侧。罗什寺，是十六国时著名高僧鸠摩罗什习经、学习汉语的地方。381年，佛教高僧释道安和鄯善王劝苻坚迎鸠摩罗什入中原，恰好苻坚也有用兵西域的意图，于382年派骁骑将军吕光、陵江将军姜飞等率兵七万，进军西域。386年，吕光东归，带鸠摩罗什到凉州。因苻坚在淝水之战中大败，又被部属杀害，吕光遂建立后凉国，定都姑臧。从此，鸠摩罗什就在武威客居达十七年之久。403年，后秦姚兴灭后凉，迎罗什到长安。罗什寺塔，相传为鸠摩罗什葬舌之处。据1934年维修时在塔下出土的一块石碣记载："罗什地址，四至临街，敬德记"来看，罗什寺院及塔在唐时大力扩建，明清皆有修葺。明英宗于正统十年（1445年）二月二十五日为此寺院颁赐了大藏经，并下了谕旨。清代，罗什寺院又进行了大规模的维修。1927年大地震，罗什寺塔被毁，1934年又进行了重修。现存罗什塔八角十二层，高32米，全以条砖叠砌。从下起第三、五、八层均设门，最上层西有小龛。在外观上，每层都施平砖叠涩式腰檐，逐层每角都翘首，下系风铃。塔顶的刹，于垂脊上直接施覆钵，覆钵上的宝盖周有圆光，下系风铃，至顶为貌似葫芦形的铜质宝瓶。遥远相望，金碧辉煌，巍峨高耸，气势雄伟。1993年3月29日被省政府重新核定公布为省级文物保护单位。

瑞安堡 位于民勤县城西南二雷镇二陶村，修建于1938年。瑞安堡系民国时期民勤县地方保安团团长王庆云（字瑞庭）的庄院，取其"瑞""安"二字为堡名。瑞安堡坐东北朝西南，占地5085平方米。城墙高12米，底宽6米，上筑文楼、门楼、武楼、望月厅、西瞭望台、逍遥宫、东瞭望台和高2米的女墙。堡内百余间主体建筑布局为"一品当朝"，取"三元及第才千顷，一品当朝禄万钟"之意。立体结构呈"凤凰单展翅"，取"龙翔凤翥，鸟革翚飞"之意。七厅八院，堡上堡下四通八达，机要处、敌台、巡房、射击孔俱全，二道华门、三道街门、祠堂佛堂、双喜楼、逍遥宫等融古今南北建筑风格于一体，木雕精美，独树一帜，民间誉为"塞上故宫"。瑞安堡是全国唯一保存最完整的堡寨式民居，是西北地区保存最完整的大院。1993年3月29日被省政府公布为省级文物保护单位。2006年5月25日被国务院公布为全国重点文物保护单位。

民勤瑞安堡

圣容寺　位于民勤县三雷镇南大街大寺庙巷，建于明洪武九年（1376年）。始建址在县城东北隅，成化五年（1469年）移建于县城西南隅，是民勤县仅存的一座明代建筑。道光十三（1833年）年扩建山门。民国十八年（1929年）建前、中两院经堂、斋舍，并在寺前补筑钟、鼓二楼。寺院坐北向南，南北长120米，东西宽56米，占地面积6720平方米。分前、中、后、观音堂、韦驮殿五个院落。大雄宝殿面阔五间，进深三间，重檐歇山顶。殿内顶棚由船底式方格天花板构成，其斜面与平面上满绘佛像彩云，曰"千佛顶"。殿内塑金身佛像4座、十八罗汉、倒坐观音像。藏经阁为二层木楼，上下均面阔五间，进深三间，单檐悬山顶。1959年、1983年、1986年进行了全面维修。圣容寺为研究明清时期建筑及佛教文化提供了重要的实物资料。1981年9月10被省政府公布为省级文物保护单位，2013年被国务院公布为全国重点文物保护单位。

大靖财神阁　位于古浪县大靖镇城内十字中心处。大靖古镇东西南北两条轴线构成十字通道，财神阁处在大靖城四街八巷中心地带。民间传说，财神爷赵公明曾在一年冬天化身为一位普通书生，寓居于昌灵山下的大靖古城，离开后托梦给房东示知其事。邑民信奉传说，遂在城内大什字修建财神阁楼，以祈福大靖一带物阜民殷、生活安宁。财神阁始建于康熙五十七年（1718年），1987年9月予以维修。因财神阁缘故，民间始有

"要想挣银子,去一趟大靖土门子"的谚语。财神阁由十六根通柱撑起,通高21米,分上中下三层。底层为砖砌台基,二三层为木结构。单檐歇山顶,进深1间,周围有绕廊,廊宽2米。中间施有清代三彩斗拱,柱头两侧均施花柱牙。檐下正面有平板枋,雕刻缠枝纹。南北和东西各施两垂脊,平面呈正方形。阁上四块匾额,上书"节荣金管""恩施泽沛""永锡纯嘏""峻极天市",字体遒劲有力。因造型奇特,梁思成编纂《中国建筑史》一书时,曾收录"大靖财神阁"词条。

天祝东大寺 位于天祝县赛什斯镇东大寺村,现存古建筑修建于道光二十年(1840年),建筑为汉藏风格兼有,布局一进两院,具有传统四合院风貌。整体分为两大部分,即佛殿院落和住宅院落。整体建筑东西长49.3米,南北宽42.3米,建筑面积2085平方米。主要单体建筑有山门、过厅楼、大经堂、囊谦、望河楼、厢房等。其中大经堂为单檐悬山顶木结构二层楼阁,过厅楼为单檐悬山顶木结构二层楼阁,山门为单檐硬山顶木结构建筑。东大寺始建于明神宗万历四十六年(1619年),该寺早先为萨迦派和噶举派寺院,明末清初改宗为格鲁派寺院。据《安多政教史》等有关史料记载:萨迦派、噶举派的许多高僧到过此寺,并给该寺赠送了大量的佛经、佛像、佛塔等物,使寺院逐渐兴盛起来。清乾隆时期,在鲁土司的支持下,该寺成为正规的格鲁派寺院。清道光八年(1828年),扩大了寺院规模,设有哲学院、续部上院、续部下院、医学院四大学院,讲习五部大论,建有完备的经院教育制度。这段时期是东大寺历史上的鼎盛时期,规模仅次于甘南拉卜楞寺,是华锐藏区的藏传佛教圣地,也是连城一带弘扬藏传佛教文化的中心。现藏有明代《西游记》壁画。1993年被省政府公布为省级文物保护单位。2019年10月被国务院公为全国重点文物保护单位。

天堂寺 位于天祝县天堂镇天堂村,现存古建筑建于清代,坐北朝南,原有大经堂、厢房等建筑,现仅存厢房19间为原建筑。形制为院落式,二进两院式布局。山门为硬山式砖木结构，有马头墙，门框前部残存倒吊垂花。在金柱间装修两扇门，门上部为走马板，里侧开敞。过殿为悬山顶二层楼阁，中间辟门，向南用砖砌筑十三级踏步，两侧山墙墀头有砖雕。屋顶正脊有砖雕，素瓦屋面。东西两侧厢房为平顶式，过殿与厢房之间辟有侧门，过殿后檐角柱与厢房前檐角柱间砌筑龟背锦海棠池砖雕。唐宪宗年间（806—822年）所建的藏族苯教寺院——阳庄（雍伸）寺就是现在天堂寺的前身。元代初年，藏传佛教萨迦派高僧萨班·贡噶坚赞等到凉州后，萨迦派天堂寺赛义囊南立面得到了当地群众的支持，于是在阳庄寺的基础上建起了萨迦派寺院，藏语称为"萨什迎贡"。元顺帝妥欢帖睦尔至正十九年（1360年），藏传佛教噶举派噶玛噶举黑帽系第四世活佛噶玛若贝多杰，进京途经此地，在当地群众的要求下，于寺前平地——扎西滩建造镇龙塔108座，建塔之地遂得名"却典堂"，由原来的萨迦派寺院改宗为噶举派寺院，后来该寺又再度毁于兵燹。格鲁派兴起以后，天堂寺又改宗为格鲁派寺院。1980年恢复开放，1993年由省人民政府公布为省级文物保护单位。

第二节　古遗址

　　古遗址作为一个地方、一个民族文明程度的有效载体，代表着一个地方的历史和底蕴，显示着民族的渊源和风采。近年来，武威每年都有许多重大的考古新发现。这些发现充分展现了凉州历史文化的源远流长，以及凉州先民对人类文明的进步所作出的巨大贡献。

　　白塔寺萨班灵骨塔　位于武威城东武南镇白塔村。现存高约8米，直径约10米，用条砖叠砌。遗址处还保存有明代碑刻两通和清代康熙二十一年（1682年）的碑刻一通。据明宣德五年（1431年）《重修凉州白塔志》碑刻记载："凉州为河西之重镇，距城东南四十里有古寺，俗名白塔，不知起

第五章　胜迹：留存在大地上的历史印记

白塔寺遗址

于何代，原其本乃前元也，婵火端王重修，请致帝师撒失加班支达居焉，师后化于本寺，乃建大塔一座，高百余尺，小塔五十余座。"清康熙二十一（1682年）年重修。白塔寺是西藏名僧萨班圆寂之地，也是当时的蒙古汗国与西藏进行"凉州会盟"处。1987年5月28日，白塔寺遗址由武威市人民政府公布为市级物保护单位。2001年6月25日，国务院公布为全国重点文物保单位。

武威满城　位于武威城东北的金羊镇窑沟村，现为中国人民解放军某部队驻地。满城坐北向南，平面呈形，边长约1000米，城墙高10米，宽4.6米。城有角墩四个，为方形，边长11.4米。每边有护城墩四个，东边西两边各有角城一个，呈半圆形，半径约35米。城门宽8米，深8.7米。周有护城，现已填埋。据清乾隆年间编修的《武威县志》记载，满城为"乾隆二年置，砖包，周围七里三分，东、南、西、北四门，大城楼四，瓮城楼四，角楼四，箭楼八。"中华人民共和国成立后，满城一直为军队驻地，现保存基本完好。1993年3月29日，省政府重新核定公布为省级文物保护单位。

  皇娘娘台遗址 位于武威市城西北的金羊镇宋家园村八组。遗址东西长500米，南北宽250米，为距今约4000年左右的新石器时代晚期齐家文化类型。在1957、1959、1975年皇娘娘台遗址先后共发掘四次，发掘面积达7000多平方米，发现房子9座，窖穴65个，墓葬88座。房子多为方形，用白灰面抹地，半地下式或地面建筑都有，面积一般为10—12平方米；储藏的窖穴有方形和圆形两种；墓葬为仰身直肢为主，还有屈肢葬、俯身葬、乱葬坑等。随葬器物有陶、石、铜、骨、玉器等。墓葬中有的器物较为丰富，有的较少，有的甚至空无一物。合葬墓比较多见，有四人合葬，三人合葬和两人合葬。皇娘娘台遗址出土器物以陶器为主，有夹砂细泥红、黑陶，器形有垂腹罐、双大耳罐、鬲、豆等，还有彩陶罐、盆、豆。石器有斧、凿、刀、镰、手握痕迹盘状敲砸器、石磨盘、棒、镞、弹丸等。细石器出土的也有一定数量。骨角器有刀、铲、镞、锥、针、笼、笄、骨珠等。卜骨用的牛羊甲骨普遍出现，有灼无钻。铜器有刀、锥、凿、环，其中一件带柄铜刀通长18厘米。从整个齐家文化遗存中的铜器来看，当时已进入石器与铜器并用时代。墓葬的随葬品贫富悬殊显明，大量石璧和玉璧的发现，说明当时作为交换手段的货币已经普遍使用。从男子仰身居中，而女子侧身屈肢等现象观察，显示了主仆身份。从上述情况说明，这一时期，由于男子占有大量财富，女子居于依附地位；有的墓葬出现了随葬品多寡悬殊的情况，这不仅反映了男子在当时的社会地位，也反映了最初的阶级压迫和阶级社会的萌芽。1963年2月11日，皇娘娘台遗址被省人民委员会公布为省级文物保护单位，1981年9月10日省政府又重新核定公布为省级文物保护单位。

高沟堡古城遗址 位于凉州区长城镇高沟村西。高沟堡古城是武威境内保存较为完好的汉代古城遗址，古城西为沙丘地带，东临长城古遗址月城。古城有内外两重城墙，外城仅存残墙断垣露出地面，城池南面有4座烽火墩，内城的东北角城墙上耸立着一座高12米、宽4米的烽火墩。城墙下有残高2米的两道并行城墙，中间为3米宽的甬道通往外城的墩台。据说，这种空心城墙就是古时藏兵之处，可以流动增援外城的防守，城内还有诸多形似兵营的建筑遗址。根据《汉书》《晋书》等有关史料记载，当时古城一带是月氏、乌孙、匈奴、鲜卑、西羌诸族的牧场，汉唐以来在古城设有牧马监，为军队专司供应马匹。古城一带至今还保留着前营马场、西湖马场等地名。从建造历史及形制沿革来看，高沟堡古城早于三国魏至东晋前凉的凉州城，所以就有"先有高沟堡，后有凉州城"的说法。

松山旧城 位于天祝县松山镇松山村。松山旧城遗址略呈方形，东西长120米，南北宽100米，南开一门，城墙现已风化塌落为土埂。城墙残高0.5—1米，墙基宽4—5米，顶宽3米，夯土版筑，夯层厚0.1—0.12米。城墙外侧有一圈护城壕沟，宽20米，深1.2—1.5米。据记载，该城始建于宋，元代沿用，至明万历年间，修筑松山新城后便废弃不用。该城址为了解宋元时期松山地区军事设施提供了实物资料。1989年被天祝县人民政府公布为县级文物保护单位。

松山新城 位于天祝县松镇松山村，为了与相距1公里的松山旧城相别，2006年被甘肃省文物局命名为"松山新城"。松山新城遗址分内外二城，外城东西宽350米，南北320米；内城东西宽170米，南北长140米。夯土版筑，夯层厚12—15厘外城、南二侧辟有城门，且皆有瓮城；内城南侧辟有城门，外侧有瓮距外城12米处，有宽约10米的护城壕。该城始建于明万历二十七年（1599年），之后，历代皆有军队驻守于此。松山新城是天祝县境内保岔口驿堡遗址存最为完整、年代最为久远的一座古代

松山古城

军事关塞建筑。1993年3月被省政府公布为省级文物保护单位。2006年国务院颁布的《长城保护条例》第二条将长城定义为"包括长城的墙体、城堡、关隘、烽火台、敌楼等"完整的长城。此定义在长城墙体及其之上的关隘、墩台、敌台的范围内,进一步将"城堡"纳入长城体系中。松山新城合并入全国重点文物保护单位甘肃省境内明长城天祝段。

第三节 古墓葬

武威境内分布着大量的古代墓葬遗址,出土了大量的国宝级的文物。如雷台汉墓、磨嘴子墓群、旱滩坡墓群、五坝山墓群、青嘴喇嘛湾墓群等。中国旅游标志铜奔马、汉简及新石器时代的马家窑文化、齐家文化等珍贵文物皆为这些墓葬遗址中的出土品。

雷台汉墓 位于武威市城北金羊镇新鲜村。1969年9月22日，当地农民在雷台下面挖地道时发现。墓葬分前、中、后三室，前室附有左右耳室，中室附有右耳室，从墓门至后室总长19.34米。墓葬虽多次被盗，但遗存尚多。出土有金、银、铜、玉、骨、漆、石、陶器共230多件，其中铜质器物达172件，铜器中最突出的是一套铸造精致的铜车马仪仗俑，包括俑45个，车14辆，牛一头，马39匹。俑有持戟、矛、钺等兵器的骑俑，有男女立俑；马有驾车马、骑马。这些铜马骏健生动，姿态各异，反映了当时雕铸艺术的成就，其中工艺水平最高的是铜奔马。雷台汉墓是一座拥有武装的豪强官僚的墓葬，是研究汉代政治、经济、军事、文化等方面的珍贵实物资料。1979年至1982年，政府拨款对墓葬进行了加固维修。1996年5月，又在雷台北段土台下发现一座砖室墓。文物部门进行了清理，此墓为前、中、后三室，后室有两个墓门。墓葬形制与前墓基本相同，但墓葬盗掘严重，墓内文物被洗劫一空，仅出土陶器残片，几枚五铢货币和铜马尾巴等遗物。同年对墓葬进行了加固维修。1981年9月10日，省政府将雷台汉墓公布为省级文物保护单位；2001年6月25日，国务院公布为全国重点文物保护单位。

磨嘴子墓群 位于武威市城东南15公里的祁连山麓，杂木河西岸。这里地势起伏，形成丘陵地带，西依西山顶，东接沃野，阡陌纵横，有杂木河流过其间。这里不仅有新石器时代的文化遗址，而且有着极其丰富的汉代墓葬。磨咀子也以出土大批汉简、木雕、丝、麻、草编织物等重要珍贵历史文物而闻名。墓葬分布在一片土山形成的丘陵台地上，在南北长1000米，东西宽700米的范围内，墓葬密布，非常集中。墓葬一般为土洞墓，由墓道、墓门、墓室三部分组成。规模较大的墓葬还有后室、侧室或耳室。墓道为斜坡式，墓门为过洞式连接沟通墓室。墓室多为长约4米，宽约3米的长方形窑穴，三人、双人、单人墓葬均有，葬具为木棺。由于这里土质含碱性大，土内又夹杂着一种石蕊物质，土质非常坚硬，加之丘陵台地，地气干燥，具有保存地下文物的优越条件。因此，此处的墓葬及室内的随葬器物保存较好，特别是一些不易存放的木器，丝、麻、草编物等都能够得以保存下来，并且文物的蕴藏也极为丰富。1955年和1959年，甘肃省博物馆先后进行三次发掘，共清理汉墓37座，出土了一批珍贵文物。其中第6号墓出土了完整的9篇《仪礼》竹木简，首尾完整，次第可寻；第18号墓出土了王杖和《王杖十简》，完整无缺。出土的这些竹、木简及王杖均为中华人民共和国成立以来考古工作的重大发现，为研究汉代经学、版本学、校勘学、古文字学和简册制度、礼俗制度及尊老、养老制度等提供了重要的实物资料。1972年又在这里清理发掘汉墓35座，出土了一大批陶、木、漆器以及丝、麻、草编等织物。特别是48、49、62三座墓出土的大型彩绘铜饰木轺车、推算天文历数的木质仪器式盘、有铭文的漆耳杯、苇席胎套色印花绢箧、六博木俑、有题记的毛笔、砚台等，都是非常珍贵的历史文物。彩绘铜饰木轺车、六博木俑、毛笔均被定为国宝级文物。1981年以来，在这里又发现了《王杖诏书令》木简26枚，这是继《王杖十简》以后，又一次王杖简册的重要发现，解决了千百年来，特别是近二十年来史学界围绕《王杖十简》提出的很多问题。此外，还发现有两座汉代壁画墓，是研究汉代绘画艺术的珍贵资料。磨咀子还是一处新石器时代的遗址，70年代以来发现大量的彩陶及其他陶器，较珍贵的有马家窑类型的彩陶钵，以及舞蹈纹彩陶盆等。磨嘴子汉墓群是一处蕴藏丰富的地下文物宝库，在丰富我国考古研究、历史研究以及科学研究等方面提供了珍贵的资料。1981年9月10日，磨嘴子墓群被省政府重新核定公布为省级文物保护单位。

旱滩坡墓群 位于武威市城西南沿祁连山北麓的一片台地上。墓葬分布面积较广，东起金塔河，西至西营河，地跨柏树、松树、西营3个乡镇，宽约1公里，长约20公里。这片坡地，因地势较高，祁连山的雨、雪水从几条大河向下流泻，终年干旱，草木难生，因此，人们称为"旱滩坡"。从西汉到魏晋，有大量墓葬分布在这里，形成了今天宽广的旱滩坡墓群。旱滩坡墓群具有丰富的汉代文化遗存。1972年在兴修水利工程时发现了一座汉代土洞墓，出土医药汉简92枚，对研究我国古代医学具有十分重要的价值，是国内现存最早的医学著作方面的原始文物。1974年9月，在这里又发现了一座汉代土洞墓，出土了陶器、木牛车及彩绘屏风架等木器，特别是在木牛车两侧的栏板上，发现有书写文字的纸。经研究这是我国现存最早的写有文字的纸，对我国造纸历史提出了新的论断。1975年和1984年，武威地、市文博单位先后在这里清理汉代墓葬10余座，出土了一大批木器、陶器、货币等文物。1988年又发现一座东汉土洞墓，出土完整的鸠杖一根和17枚王杖律令汉简及其他文物10余件。汉简大部分保存完整，保存文字270余字，记载了东汉光武帝刘秀建武年间赡养老人制度和刑律条款等，涉及内容甚广。旱滩坡又是前凉时期的墓地。前凉在凉州建都长达76年(301—376年)，但在这里，以前并未发现明确纪年的前凉墓葬。1985年，甘肃省考古研究所在这里发掘了这一时期的墓葬30余座，出土了一大批重要文物，其中前凉升平三年(369年)姬瑜夫妇合葬墓中出土的文物，内容十分丰富，有彩绘木俑、木牍、木莲枝灯，有毛笔、面制花卷、丝绸衣物等。这些墓葬及其文物的发现，为研究前凉时期的政治、经济、文化以及社会风俗、丧葬制度提供了难得的实物依据。旱滩坡墓群多为土洞墓，间有少数砖室墓。1981年9月10日，被省政府公布为省级文物保护单位。

五坝山墓群 位于武威市古城镇宏化村的一片山丘台地上。东依宏化村二组村庄，西邻古城小河村的耕地，北与磨咀子山头隔河相望，南接杂木河二干渠。南北长约2公里，东西宽约1公里为其保护范围。1983年，在这里开始修建砖厂，陆续发现各代墓葬，大多为土洞墓，少数为砖室墓，出土大量遗物。1984年9月至1985年，甘肃省文物工作队在这里进行发掘，共发掘墓葬60余座，出土各类文物近千件。根据发掘情况看，五坝山既是一处新石器时代的马家窑文化遗址，又是一处两汉、魏晋、西夏时期的墓葬群。马家窑遗址中出土的精美彩陶，属马家窑文化在甘肃西部地区的新类型；西汉中期墓葬中出土的金花，工艺水平很高，具有重要的艺术价值；西汉壁画墓中绘制的人物、山水和狩猎宴饮场面，绘画技巧娴熟，色泽鲜艳，是我国早期人物山水画的杰作。1987年5月28日，五坝山墓群被武威市人民政府公布为市级文物保护单位。

　　青嘴喇嘛湾墓群　位于武威市城南的新华镇青嘴村一组和七组。这里，山峦起伏，峡谷纵横，在群山环抱的青嘴、喇嘛两个山湾里，分布着唐代吐谷浑慕容氏族的墓葬。唐龙朔三年（663年），因吐蕃所逼，吐谷浑徙居凉州、灵州一带，为唐王朝藩屏。唐贞观二十一年（805年）以后，其封嗣才绝。青嘴喇嘛湾是唐代吐谷浑族的王陵，唐代吐谷浑王室的墓葬大都埋葬在这里。1917—1978年，先后在这里出土了弘化公主、青海王慕容忠、辅国王慕容宣彻、政乐王慕容宣昌、代乐王慕容明、金城县主、燕王慕容曦光等墓志铭共九通。这些墓志铭为研究吐谷浑的历史及补订史籍，提供了可靠的资料。1980年7月，武威县文物管理委员会对青咀湾弘化公主以及其他几座残墓进行了细致的清理，出土了一批彩绘木俑、漆器、陶器、银器、骨器、木器、丝织品等珍贵文物，这些文物从各个不同的角度及侧面反映了唐代吐谷浑族的历史，是研究吐谷浑历史和唐代民族关系史的珍贵资料。此外，这里又是新石器时代的文化遗址。1986年，在这里发现大型研磨器以及彩陶片和其他新石器时代的陶片。同时，这里也是西夏党项族活动的重要地区，1978年，这里还发现一批西夏时期的窖藏瓷器。1981年9月10日，被省政府公布为省级文物保护单位。

　　祁连岔山村唐代吐谷浑墓　位于天祝县祁连镇岔山村北的山顶之，东距武威市区35公里。墓葬所在地属祁连山北麓，为局部较为平缓的山间盆地和纵谷结合地貌。墓葬为单室砖室墓，由封土、墓道及壁龛、封门、照墙、甬道和墓室等组成。封土呈丘状。2019年9月25日，天祝县自然资源局在整备土地时发现墓葬1座，经国家文物局同意、甘肃省文物局指派，甘肃省文物考古研究所随即对其展开抢救性发掘。发掘确认，该墓为武周时期吐谷浑王族成员喜王慕容智墓。墓道内随葬有木构件、墨绘砖块、调色石、木旌旗杆及殉牲（马、羊）等，近墓门处东西两侧各设一壁龛，壁龛内均随葬有彩绘陶、木质仪仗俑群，总计70余件组。封门墙由砖砌墙和墓门组成，其中砖砌墙共四道，封门砖墙里侧、券门口内安设有双扇木门。因木门柱底部部分腐朽，门整体由南向北坍塌，打开封门墙后可见其整体坍塌平铺于甬道内。甬道为砖砌的双券结构，券顶上有双层砖错缝平砌而成的照墙，上绘有壁画，内容主要为双层门楼形象。墓室近方形，盈顶。墓内西侧设棺床，并放置棺木一具。甬道部保存较好者可见下端壁墙上主要为人物形象图，券顶部分绘有星象图。甬道及墓室内随葬有彩绘陶、漆木、石、铜、铁、金银器及革制和丝麻织品等，共计220余件组。其中陶器有彩绘陶罐、素面双耳罐、陶盆及数量较多的彩绘人俑、骑马俑及狗、羊、鸡等家畜家禽俑，木器有彩绘天王俑、镇墓兽、武士俑、男女侍俑及带帷帐的床榻、门、胡床、马鞍、朱雀、玄武、羽人、凤鸟等，部分髹漆，见有漆盘、碗等。铜器有铜锁、各构件上的铜饰、铜勺、筷及"开元通宝"铜钱。铁器见有铁甲青。金银器主要为腰带饰、节约及革带饰。革制品主要为箭箙、腰带、方盒等。丝麻制品数量较多，主要覆盖于棺盖上、铺于棺床上及床榻帷帐上。甬道正中出土石质墓志一方，上篆书"大周故慕容府君墓志"。志文内容显示，墓主为"大周云麾将军守左玉钤卫大将军员外置喜王"慕容智，因病于"天授二年三月二日薨"，终年42岁。墓志载慕容智系拔勤豆可汗、青海国王慕容诺曷钵第三子。该墓的发现，对完善吐谷浑后期王族谱系及相关历史问题起重要补充作用。墓志信息显示，慕容智死后，按照礼制于"其年九月五日迁葬于大可汗陵"从目前发掘来看，该墓为武威地区发现和发掘的时代最早、保存最完整的吐谷浑王族墓葬，在国内亦属罕见，是吐谷浑墓葬考古研究的重要发现。该墓的发掘为研究后期吐谷浑葬制葬俗及唐与吐谷浑民族关系史、丝绸之路交通史、物质文化史等相关问题具有重要研究价值。

第四节　匾额

匾额是集文字、书法、镌刻、雕塑、篆印、工艺、美术为一体的一种综合性文化体现。有清一代，武威名人辈出，所留匾额颇多，反映出较深的人文积淀和丰富的历史文化。按匾寻迹，匾额背后浮现出的兴衰变迁，从中可以了解武威历史的印迹和与之相关的渊源关系。

一、匾额概况

进入清代，由于重视科举取士制度，武威学风浓厚，出现了"甲科鳞次不绝，人文蒸上"的盛况，从而涌现出了一大批学人、书画名家，一时之间人文荟萃，英才辈出，由此也留存下来了众多书文俱佳、雕饰精美的匾额佳作。

早年悬于武威北城门楼之上的"大好河山"匾，笔法苍劲有力，气势磅礴，令人徒生博大的爱国情愫。悬于两江总督牛鉴武威府第、由道光皇帝御笔亲题的"夫子博学"匾，是武威有史以来第一位皇帝亲笔题写的匾额。1842年，林则徐赴伊犁途中路过武威时，为武威陕西会馆所题的"浩气凌霄"匾等都是历史上武威匾额中的佳作。但由于各种原因，这些匾额早已无存。所幸的是，除一些历史古迹内保存的匾额外，素有"陇右学宫之冠"的武威文庙还保存有大量的古代匾额。其中，仅文庙桂籍殿内就保存有匾额44块。这些匾额虽历经数百年的历史仍然保存完好，年代上起康熙三十四年（1695年），下至民国二十八年（1939年）。其数量、艺术价值等不仅居于西北之首，而且在国内也极为少见，堪称文庙一绝。大量保存在武威的匾额，充分印证了历史上武威繁荣的文化发展盛况。

现存于武威的匾额形式多样、内容丰富，大多数匾额着色艳丽，配有浮雕或镂空的边框，整体制作考究，意蕴深刻。其上书法均出自武威地方官吏、知名学者、书法大家、饱学之士等名家之手，精湛飘逸的书法，加之文辞典雅、用典绝妙、寓意深刻，使这些匾额件件堪称佳作，具有极高的文物和艺术价值。

从内容上看这些匾额主要与礼乐教化、科举功名、忠孝节义、文人雅志有关。古代"学而优则仕"，文人的仕途之路就是通过科举考试，他们认为文昌帝君是掌管命运和主宰文运的神灵，并且决定着科考者的前途。因此在文庙匾额中，赞颂文昌帝君、反映民俗信仰的匾额留存就十分丰富，是我们了解古代文人思想的一个重要窗口。"万世文宗""诞敷文德""纲维名教""司命文章""曜握斯文""斯文主宰""帝德广运""文昌帝君赞"匾就是这方面的代表。另外，"聚精扬纪""桂箓垂青""掌仙桂籍""彩彻恒衡""彩振台衡"等除了讴歌文昌帝君、以期蟾宫折桂外，部分匾额还包含了激励天下学子读书上进、奋发向上，以知识强国的内容，这在当下社会中仍然有着积极的作用。"书城不夜""孝友文章""天下文明""光联奎璧""辉增西垣"等则反映了武威学子们勤奋好学、秉烛夜读，灯火通明的动人场景，是清代武威"灯火辉煌不夜天、书声琅琅甲秦陇"的真实写照。道光帝时两江总督、武威人牛鉴所书"天下文明"、书画名家张美如"云汉天章"匾等，用笔苍劲挺拔，潇洒秀丽，是武威学子们高超书法艺术的佳作。

另外，城西海藏寺牌楼上康熙年间振武将军孙思克"海藏禅林"和大云寺内乾隆九年凉州知府曾国俟"大棒喝"匾，其字体雄浑厚实，苍劲有力，为武威众多古迹匾额之冠。

保存在武威的这些古代匾额，以其精湛飘逸的书法、质朴精深的文化、精美绝伦的雕饰、艳而不俗的色彩堪称中国匾额文化中的瑰宝。

二、名匾赏析

现藏于武威文庙的每一块匾额，都是诗书、绘画、雕刻等的完美结合。兹简要介绍数块名匾如下：

"万世文宗"匾　清康熙五十七年（1718年）。文宗本称祖师，指善能文章和点评文字，为众人所师，法所崇仰的人物。此处指执掌文运并以礼教化导民功德无量的文昌帝君。"万世文宗"赞颂文昌帝君为千秋万代受人尊崇的文教祖师。此匾红底金字，魏碑笔法，笔势雄伟朴拙，遒劲峻拔。《晋书》载："百代文宗，一人而已。"此匾对文昌赞颂之极，同称"万世师表"的孔子并列，奉为至圣至神，而千秋万代，受人尊敬的文教祖师。

"聚精扬纪"匾　长375厘米，宽124厘米，厚5厘米。清嘉庆十一年（1806年）岁在丙寅春正月穀旦，甘肃按察使司按察使、前分守甘凉兵备道刘大懿熏沐敬题。大意为：颂扬讴歌文昌帝君，招贤纳才，汇聚天下之精英，弘扬和维护法纪，以礼治国安邦，并激励后学者以强国为己任，勤奋读书折桂枝。此匾为中华名匾之一。

"书城不夜"匾　长271厘米，宽96.5厘米，厚4.5厘米。清嘉庆戊辰年（1808年）春三月谷旦，镇国学弟子叩。其书者不详。"书城"表示书之多而且珍贵，读书人亦多。"不夜"形容灯火辉煌不夜天，书声琅琅"甲秦陇"。意为以激励学子珍惜光阴、刻苦读书，春风得意折桂枝。"书城不夜"四字尤显俊秀，刀工娴熟，其意境寓意深远。匾牌整体布局合理，加四角龙纹图饰，显得高贵而淡雅。此匾为中华名匾之一。

"光接三台"匾　曾国杰题于乾隆三十五年（1770年），书仿魏晋，运笔圆美，逸劲，笔力雄厚。此匾的形制较为独特，融匾、联于一体，由左、中、右三部分文字和饰以人物、植物等精美花纹的边框组成，中间为匾名及献匾原委、献匾时间，左右为对联和负责此次修缮文庙的"经理监造""主持"。匾文礼赞文昌帝君之光辉如同天上的三台星相互映照。三台，即三台星，共六星，属太微垣，分上台、中台、下台，按上、中、下三台各二星顺次为大熊座，亦称"三能"，主贵，为吉星。匾文下方附有对联：

武威文庙牌匾

"朗岂惟周？久焕天章遥射斗；炳非在宋，专开文运预占星"。意在歌颂孔子的德行辈代传诵，遥映星斗，功昭日月。"光接三台"匾，集中展现了文学、书法、绘画和雕刻艺术。曾国杰清是康熙乾隆时期奉政大夫，国子监监生。

"文以载道"匾 匾额书写时间为宣统建元己酉秋季，即1909年秋。"文以载道"出自宋理学家周敦颐《通书·文辞》，意为"文"像车而"道"如车上所载之货，文学即为传播儒家之"道"的工具而已，以文学的社会作用观点来阐述儒家正统思想。此匾隶书题写正文，楷书题款，背景为绿色，正文为白色，款文及四角装饰花纹为金黄色，整体感觉文字搭配别致，色彩艳丽又不失端庄。根据题款可知敬献匾额者有十人，分别为段宝森、赵万清、马振科、高仰海、宋镜川、李莹、高自卑、贾坛、胡应瑗和张钺。10人之中声名最显赫的当当属书者贾坛，今武威城区仍存有贾坛故居。

　　"司文章命"匾　此匾是进献给"文昌帝君"的敬辞。"司文章命"巧妙地化用李白《与韩荆州书》："今天下以君侯为文章之司命，人物之权衡。"原句意为朝廷工部侍郎韩朝宗是决定文章命运、衡量人物高下的权威人士。"司文章命"即盛赞文昌帝君为掌管天下文人命运兴衰的神祇。正文"司文章命"用行书书写，字体刚硬，铁骨铮铮。落款文字较多，显示了撰稿人、书写人、书写时间、进献人等丰富的信息。背景为蓝绿色，文字为白色，四角没有装饰纹样，整体感觉质朴大方。落款题写的时间为乾隆四年（1739年）岁次己未二月上浣吉旦，撰稿人为赐进士出身同知管凉州府水利屯田通判加一级纪录三次傅树崇，书写者为特简文林郎知武威县事加一级纪录三次宛平王守曾。落款中还有进献人潘荣贵、苏弼、杨联芳、李棉昌、耿弘衸、潘荣诏、张绩、陈尔禄、贾珍、张士敏和姚錄。

参考书目

赵永红、陈永坚主编:《武威历代文化丛书》,甘肃文化出版社,2002年

梁新民:《武威史地综述》,兰州大学出版社,1997年

王其英主编:《可爱的凉州》,人民日报出版社,2005年

王其英著:《凉州历史文化散论》,大众文艺出版社,2013年

王其英主编:《武威特色文化述要》,国家开放大学出版社,2018年

王其英主编:《武威金石志》,天津古籍出版社,2020年

徐平林主编:《流韵幻彩——武威非物质文化遗产图典》,甘肃科学教育出版社,2019年

武威市凉州文化研究院编:《凉州文化概览》,宁夏教育出版社,2019年

武威市凉州文化研究院编:《武威故事》,读者出版社,2020年

武威市凉州文化研究院编:《五凉名儒》,读者出版社,2021年

天祝藏族自治县文学艺术界联合会编:《"青藏之眼绿色天祝"建县70周年文化丛书》,2020年

凉州区文化体育局编:《武威市文物志》,2004年

后　记

凉州是一部恢弘厚重的大书，需要每一个凉州人，或者是喜欢凉州的异乡人去慢慢品读。

《品读凉州》以爬梳武威历史文化资源为出发点，截取凉州文化的精彩片段，以"时代"为纵轴，在波澜壮阔的历史长河中，追忆凉州文化的高光时刻；以"多元"为基础，在绵亘千年的丝路上，重述凉州文化的辉煌；以"异彩"为亮点，在凉州古老的岁月里，打捞民间的文化珍宝；以"人物"为重点，在群星闪耀的苍穹，镌刻先贤们的丰功伟绩；以"胜迹"为特色，在多彩的凉州大地上，找寻历史的不朽印记。

《品读凉州》书稿第一、二章由柴多茂编写，第三、四、五章由张颐洋编写。文稿完成后，申报了武威市凉州文化研究院资助出版项目，并得到了戴卫红、张元林、徐兆寿、尹伟先、冯培红、李学辉、王其英、梁继红等专家的审读，按照意见建议进行了充分修改；程对山老师做了审校和统稿工作。在此，向各位老师表示深深的感谢！

由于编写者的学识和水平，仅在现有凉州历史文化研究成果的基础上进行了初步整理，并尝试着进行探讨和解读，尚有错谬和不妥之处，恳请读者不吝指正。

编　者

2022 年 4 月